TikTok 爆款攻略

跨境电商的流量玩法与赚钱逻辑

笛子 著

民主与建设出版社
·北京·

自序
我为什么要写这本关于TikTok的书

你好，我是笛子，毕业于美国凯斯西储大学（知识产权法研究生），在中美两国创业多年。2018年起，我在美国与国内的合伙人一起开始做亚马逊相关的业务，并负责美国市场的营销。2020年年初，我回到国内，在跨境公司内部成立了独立站团队，并且将所有的精力都放在研究独立站的发展上。

平时跟国内的朋友们聚会时，我很少提到自己做的事情，因为我总觉得跨境和美国的生意事务离我的朋友们太远。在大家聚会时聊一些与对方无关的事情，是一种自我的表现，也是对对方时间的不尊重。所以我更多的是在学习我的朋友们如何在国内摸索向前。我很感谢我的朋友们，让我补充了很多国内新媒体、私域等领域的知识。

最近一年，我发现我身边有越来越多的朋友想要了解这个领域——TikTok和跨境电商。我能够很明显地感觉到，TikTok和跨境电商已经不再像之前那样被大家定义为"与我无关"的领域，相反，提到它的时候大家都感兴趣。随着被问得越来越多，我也从最开始一条条回复消息，到后来在线上线下做了大大小小的分享。

我发现大家会反复提到一些相同的问题，比如：现在入局TikTok是不是一个好的时机？为什么？我学过一些抖音的玩法，能不能直接用在TikTok上面去搞流量？我的业务在国内遇到瓶颈期了，我想把我的产品卖到国外去，该怎么办？我和我的员工英语都不太好，我能不能做跨境业务和TikTok？我想把我们公司的产品拿到TikTok直播间去卖，你觉得能卖出去吗？……其实我还挺开心的，因为我渐渐感受到我的朋友在事业上需要我了。以前我的朋友谈论起我做的事业，只有"不明觉厉"却"与我无关"的感觉，而现在，我的经验可以帮助到他们了。还有一个原因是，随着跨境行业越来越受到关注，曾经只与大型进出口贸易公司相关，如今小个体和普通中国企业也想要积极参与进来，这让我对这个行业更有信心了。

我开心了没多久，就发现大家在这条路上走得并不顺利。很多已经建立团队做跨境业务的朋友，投入几十万、几百万元到这个项目中，却一直摸索不到方向。他们想要抓住机会拓展海外市场的想法是好的，但跨境是一个入局门槛并不低的行业，不是拥有产品就能解决一切问题。在没有经验的情况下，仅凭对TikTok的一腔热情是非常容易踩坑的。比如：

我该拿多少预算来做这个项目？感觉不到投入成本的尽头怎么办？

我应该用哪个交易平台来承接我的流量？

我能搞到流量，但是变现很差怎么办？

我应该将这个项目定位成社交电商吗？这样的模式能长久吗？

我没有太多预算，就想个体轻创业，还能选这个赛道吗？

我做海外市场的产品到底选得对不对，该怎么优化供应链？

直播带货的流量上不去，成交量也很低怎么办？

该如何建立中长期的竞争壁垒，让这个项目的抗风险能力同步增长？

我该不该做品牌呢？没有预算怎么办？

……

最开始我免费帮助朋友的公司做诊断、出方案；后来实在安排不过来，我就将常见的问题总结成一个个文档发给他们；如果还是解决不了，就预约做专门的一对一咨询和教练级孵化。在给多个学员和企业做完咨询和孵化之后，我发现大家具体的落地执行层面，比如对于项目的盘子要起多大、周期多长、团队如何配置、会遇到哪些困难等问题，都没有答案。

我很着急，因为这些项目中，大多数是亏损的，少则几十万，多则几百万。所以我非常想将这些问题的答案总结出来，从整体上为大家建立对TikTok、跨境电商的认知。

除此之外，还有几个很重要的理由让我下定决心写这本书。

一、不希望你只是盲目地追"风口"

这段时间有不少以前从来没有接触过跨境和 TikTok 的学员给我讲述了自己的遭遇。因为看到了诱人的广告语而上头："别再错过这个风口啦！赶紧入局国际抖音 TikTok！这就是 3 年前的抖音！还有很多机会，还是一个蓝海！你还在为三年前错过抖音的红利而懊悔吗？现在 TikTok 的红利期就在你面前！赶紧加入我们！"于是，他二话不说掏了很多钱买课、买会员、买合伙人项目，以为可以借着 TikTok 的东风扶摇直上九万里。可事实却是：他在交完钱并对 TikTok 加深了解之后，才发现自己不具备做跨境的基础，需要再花至少一百万搭建一个团队，并且有无数座大山等着攻克。这个时候再后悔交了那么多钱已经来不及了，只能被迫作为一个分销商拉更多的人入局买单，自己通过分佣把损失的钱挣回来。而跨境和 TikTok，这个"最初的梦想"也不得不被放弃，从而错过了真正该入局的好时机。

风口使人上头，但真正想借着风口起飞的人，应该戒骄戒躁，让自己先学到会飞的本领。他们借助着风飞得更高，而且就算风过了，也不至于掉在地上摔死。

我其实很不喜欢说"风口"这个词，因为是不是"风口"，背后体现的含义无非两个方面：一是入局的人多不多，时机够不够早；二是未来的市场体量是否会越来越大。

即使我们在两个条件都满足的情况下开始布局，也同样是机遇与挑战并存。机遇是因为在 TikTok 上国外的竞争对手和国内完全不是一个量级，TikTok 电商还处于发展初期；挑战是因为在平台的发展初期，很多空白市场都还相对不成熟，用户的意识、认知和习惯都没有培养好。最早入局的商家，如果没有过硬的产品口碑或者其他存活之道撑着，很有可能烧了自己的钱却给后来者做了嫁衣。所以我希望每一位做跨境的创业者都拥有属于自己的壁垒和独立存活的能力，在此基础上抓住好机会，而不仅仅是为了追"风口"就盲目加入，这会让风险大大增加。

TikTok 是一个好的选择，但是对于不同的人有不同的做法：对于跨境的卖家团队（钱多人多）和对于个体创业者（钱少人少）两类人群，从布局周期到项目闭环的大小，从战略布局到变现方式的设置等方面都是不一样的。这也是为什么好多人争先恐后地想要成为风口上的"猪"，最后却成了别人碗里的"菜"。我们需要先建立对这个平台的整体认知，了解有哪些变现方式、哪一种适合自己等信息，才能做出更明智的选择。

二、帮助刚接触 TikTok 的朋友避坑

TikTok 刚出现的时候，我非常兴奋，因为这对于我们做跨境的商家来说又多了一个营销的渠道。而且我一直以来都很喜欢研究国内抖音，愿意购买各种线上线下课程来学习。抖音引领了短视频的潮流，还带火了那么多商家。大家为了做好抖音，研究出了十八般武艺，是真的很厉害。现在国际抖音 TikTok 出

来了，它的内容比起抖音来说，还停留在最初的那种相对简单粗糙的状态中。于是我想：如果我用自己在国内学习的抖音打法去做TikTok，岂不是降维打击？

那个时候我们公司主体业务是亚马逊，刚刚增加了独立站（本书第七章第二节详细讲解了独立站的定义和作用，不知道什么是独立站的朋友可以在这一节找到答案）的板块，我和团队还在为独立站的营销进行学习摸索。当我发现TikTok这个机会时，马上想到了可以在TikTok获取流量来为独立站引流，用内容撬动免费流量。我们精心制作产品的展示视频，用各种特效做后期，发在TikTok上，很期待我们的账号可以一夜爆火。

但是数据非常不理想，我们连续日更了一个月，观看量少的就几十，多的也不过两千多，也没有看到有客户因为TikTok这个入口进入我的独立站进行购买。一看踏踏实实的"正路"不好走，我们又尝试了一些"捷径"：把别人的作品"搬运"到TikTok，花钱投流量，疯狂关注别人引起别人回关，买粉买赞，搞一些标新立异的内容，等等，都尝试了一遍。这下流量数据是有了，但是对商业变现的帮助并不大。我看着这些数据，心里很不踏实，就像是看着虚假繁荣的空中楼阁一样，唯一的用处就是拿出去吹牛的时候会显得自己很厉害。但只有自己知道，这样的方式不长久，价值观也是错误的。

在接下来的时间里更是不断反复地印证了我的想法：这些流量不仅不能帮助我把账号做得更好，反而会让我的账号越来越糟糕，我们也一直在受到这些不良流量的反噬。于是我暂停了这些账号的运营，并且让团队成员都回到自己之前的岗位上，专注地做独立站其他营销板块的工作。（我将这些"捷径"和对应后果都总结了出来，写在了本书第四章第一节。）

我心里很清楚，做不好 TikTok 的真实原因是我自己的能力还不够，只是凭着梦想和蓝图去做，而没有对 TikTok 做过深入的研究分析，也没有真正掌握它核心的底层逻辑，这样是做不起来的。人家 TikTok 的流量再多，都跟我没关系。

于是我沉下心来，翻出以往学习抖音推荐算法和逻辑的课程笔记，理解一个账号能起号能成交的原因有哪些，并寻找抖音和 TikTok 上的对标账号，将值得学习的账号和视频一个个进行拆解分析。我自己一个人边学习边实践，没有团队的辅助。因为我知道我习惯了带团队就会在有些事情上变懒，而在探索闭环的过程中有些事是别人无法替代的。

我学会了账号定位、粉丝标签、内容力提升，也坚持每天按照这些方法运营账号。坚持了两个月之后，我拥有了自己的 TikTok 账户的 1386 个精准粉丝，基础观看量也从以前的 100~300 涨到了 800~2000。这个小结果让我看到了希望，也让我觉得只要坚持优化调整一定会发生质变。

但是没过多久，我又经历了亚马逊业务的"黑天鹅"事件：美区和英区的十几个店铺相继被封，账户里面的钱、海上漂着的货、海外仓的库存、因店铺停滞导致没事可做的员工，等等。一下子成了我最头疼的问题，我不得不暂停对 TikTok 的研究，先将所有精力放在处理亚马逊的问题上。

半个月后的一天晚上，我把问题处理得差不多了，觉得自己终于能回过神重新对公司业务进行布局了。我躺在床上看着天花板，又重新审视了这次的"遭遇"：我的店铺之所以会被平台处罚，是因为我以前默许运营为了店铺的排名和销售数据走捷径，也就是刷订单和好评。这个做法和几个月前我们刚开始做TikTok的路数是一样的，都是用歪门邪道去超越竞争对手，而不是真的花心思在自己的硬核实力上去打败对手。最后，自己挖的坑自己来填。

所以当这些破事都解决完毕后，我重新梳理了公司所有的业务模式：把之前基本功不扎实的部分做了断舍离，把亚马逊的货清了之后就只保留品牌独立站业务；明确了公司的核心价值观：做难而正确的事，对任何业务板块都要扎扎实实地加强自己的硬实力，杜绝任何管理层和员工以后再使用歪门邪道找捷径。

当我处理好这些之后，我又打开了之前认真运营过的那个账号。我惊讶地发现，消息区是"99+"红色数字，粉丝量涨到了1812，评论区有几十条评论在问："怎么购买产品？有没有新款？为什么最近不更新了？我很喜欢你的作品！"也真的有用户自己跑到我的账号主页点开独立站链接去自主下单。这让我更加确定我走上了一条正确的路。

于是我又按照新的标准招募了TikTok的团队，扎扎实实地从产品力、内容力、获流力、运营力、品牌力这五个维度去研究探索，并做好精细化复盘与调整（短视频以周为单位，直播以每一场为单位）。我也将TikTok这五大核心力量与提升的办法总结出来，写在了本书的第二章里。

我们用半年时间做了23个账号（其中2个账号达到百万粉丝），所有账号的作品累计播放2亿多次，给独立站带来了30多万次点击访问。其中，有7000多个用户在独立站EDM（邮件营销）页面留下了自己的邮箱，订阅我们的优惠活动；有3000多人次在独立站下了订单，单从TikTok这一个渠道，实现了15万美元的GMV（销售额）。但在这时，TikTok的销售额只是独立站诸多渠道中一个表现一般的渠道，因为广告投放、网红达人营销等其他几个渠道的销量远远高于TikTok。

后来，部分国家和地区的小黄车和直播带货陆续开通，国际抖音开始布局全球的电商领域。这个时候，我意识到是时候加强对TikTok的投入了。于是又增加了TikTok直播电商团队，开通了美国地区链接Shopify视频小黄车和直播小黄车（内测），参考国内抖音电商的逻辑进行单独的选品、供应链优化、主播选拔、直播话术的打磨、直播间视觉优化等。

又经过了九个月的全情投入和不断调整，我带着团队完成了对几百个TikTok账号从注册、起号、运营、直播带货、沉淀私域到达成复购升级消费和转介绍的闭环，并通过TikTok单渠道为独立站实现了一个产品的千万级（人民币）销售额和多个高毛利产品的百万级（人民币）销售额。

但是我们在这个过程中踩了很多坑，经常因为自己对平台的不熟悉让刚刚有起色的成果毁于一旦。每次踩过的坑、积累的经验教训，我都会让团队整理记录，甚至我会给每一个坑标价，损失了 2 万元就价值 2 万元，损失了 5 万元就价值 5 万元。

我将这些"明码标价"的踩坑经验毫无保留地写在这本书里面（我总结了 21 个坑，并给出了对应的解决方案和避坑指南），如果能帮你避开其中任何一个坑，那么你花时间来读这本书就是值得的。

三、它在我最擅长的三个领域之内

蒂姆·费里斯（Tim Ferriss）在《巨人的工具》一书中提到，如果你想取得出类拔萃的成就，你大概有两个选择：第一个选择是，你把自己的某项技能练到全世界最好（比如行业的前 5%），你才能拥有一定的壁垒。但是想在这个内卷的时代做到这一点非常困难，只有极少数人能做到。第二个选择是，你可以选择两项技能，把每一项技能都练到世界前 20% 的水平，这相对容易。同时拥有两个排在前 20% 技能的人是极少的，因为两项技能交叠领域中的前 20%×20%，就是前 4%。

比如《巨人的工具》里面的亚当斯，他并不是世界上画画技能最好的，但是他可以达到前 20% 的水平；他写笑话也不是全世界最好的，但是他这个技能也能达到前 20%。现在他将这两个技能结合起来，去画"呆伯特漫画"，能做到这一点的人就非常少了。

我们经常能听到有人开玩笑：我是打篮球里面最会做菜的，

做菜里面长得最帅的，帅的里面不渣的。也许这个玩笑在追心爱的女孩子时能起到错位竞争的作用，只是这样的玩笑往往没有和我们的商业变现联系在一起。如果我们可以利用好自己的多面优势，再找到一个完美的结合点，就可以很好地发挥自己错位竞争的优势。

在我复盘自己为什么可以将 TikTok 摸索出结果的时候，发现这并不是巧合，而是因为它在我最擅长的三个能力的交集里，如图自序 –1。

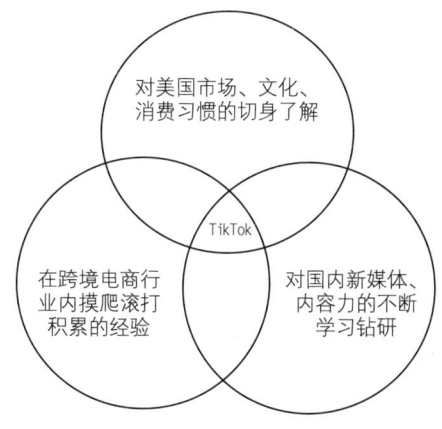

图自序 –1　能力交集示意图

1. 对美国市场、文化、消费习惯的切身了解

我常提到一个词：网感。指的是我们对这个平台、对用户的了解和把握。很多抖音上的大咖很清楚在抖音平台上如何选题才能够引起更多人的兴趣，提升点击率、完播率等，在 TikTok 里也需要这些能力。但对很多玩家来说，没有在国外生

活的经历，没有真实地跟外国人打过交道，对他们喜欢什么、不喜欢什么拿捏不准，没有网感，也就是我们常说的"get不到点"。网感是需要长期大量的"磨"来慢慢养成的。我的一个做TikTok的员工跟我反馈："我买了很多TikTok的课，市面上的基本上都买完了，也听完了。但我总觉得我对TikTok用户和这个市场的底层认知并没有因此搭建起来，有点像空中楼阁。"这是因为我的这位员工她本身是缺乏网感的，听了很多课程中理论层面的东西，学到了怎么做，却还是无法"get到点"。我意识到对于他们的培养不能仅仅是"术"，这样虽然可以解决小问题，可以在团队中担任"手"或"脚"的角色，却永远无法成为"头脑"。所以我在带他们做TikTok的过程中会将底层的东西、背后的文化等都输出来，让他们在解决问题的过程中培养自己对TikTok的网感。所以，我在这本书里面也会在必要的地方将这些内容输出给读者朋友们，这是一个慢而稳固的过程，但一定是值得的。

2. 对国内新媒体、内容力的不断学习钻研

不管做任何社交平台，想要吸引更多曝光量，除了直接简单粗暴地投广告之外，就是要源源不断地产出好的内容。因为每个平台之间互相竞争的是用户使用时长。它们将不同的内容推送给拥有不同兴趣标签的用户，用户喜欢这个内容才会花更多时间在这个平台上，甚至越来越沉迷。

很幸运，国内以抖音为代表的新媒体平台获得了更加成熟

和充分的发展，也能够找到很多值得学习的提升内容力的资料。我花了很多时间去学习钻研，再落地实践。这一点对我来说非常有帮助，因为在国内反复打磨提升内容力的基础，是我能够在一个相对较短的时间内将TikTok摸索出成果的重要因素。

3. 在跨境电商行业内摸爬滚打积累的经验

近几年有大量行业外的人入局TikTok，也能看到很多人通过自己的能力在TikTok上面获得了很多流量、粉丝和点赞。但是综合下来看，获取流量的多，将流量变现的少。很多入局的人花钱去报课程、买设备、招团队，感受了一把当网红的快感，看着消息栏写着的"99+"而兴奋不已，但算了账发现自己没有办法顺利地变现回本。

想要设置好跨境的变现闭环，需要了解很多关于跨境电商的行业知识。从选品到物流、从公域到私域、从售前到售后、从短期到长期，等等，有太多行业认知需要学习。它虽然没有极高的认知门槛，但是对于行业外的人是非常容易踩坑的。踩了坑不仅亏钱，也极有可能丧失机会成本。所以我也会在本书里为大家补充必要的跨境电商的行业知识和底层逻辑，让你不仅能学会怎么做，还能够逐渐形成自己的决策力。

对我来说，TikTok就是我这三个能力的结合点。利用它，我不仅可以为我的跨境电商业务开拓获客渠道，还能够写成这本书分享给大家，这是一件很幸福的事情。

写这本书之前，我做了很多准备。因为我希望这本书不仅能帮助想做出海的企业，也能让个体创业者选择一条适合自己的路。所以我不仅将自己和团队的经验总结出来，也专门为了这本书列出了目前 TikTok 上所有的变现方式，分别寻找 100 个优秀的对标账号进行分析和拆解。为了保证我在这本书里给出的方法是有效的，我又让团队重新注册了一批新账号，覆盖了达人、游戏、知识付费、卖货等多个不同的账号类型，也包含了不同的行业和领域。对于这些账号，我专门按照书里的方法重新操作了一遍，来确保这些方法的有效性。不仅如此，我在写完这本书之后反复打磨修改自己的表达方式，希望能够以最简单易懂的语言为你讲清楚 TikTok。TikTok 发展迅猛，政策更是日新月异。所以我要求自己将底层逻辑和思维方式提炼出来，不仅能够解决当下的问题，而且能够形成自己对 TikTok 的判断力。不管今后政策怎么变都能够自如地应对。

我在本书的第一章和第二章主要讲述关于 TikTok 重要的认知，在做 TikTok 之前需要了解清楚，打好基础；第三章到第五章主要是从账号、短视频和直播这三个方面讲述如何获得流量和变现的具体方法；第六章和第七章是针对两类不同人群变现路径的解析和注意事项。开始是认知论，中间是方法论，最后是实践论。

如果你从来没有系统地了解过 TikTok，我建议你将这本书当作教材来学习。我希望读完这本书后，你不仅能够按照我给出的解决方案在 TikTok 上做出一片天地，更能因为掌握了新媒体和跨境电商的底层逻辑而拥有自己在这个行业中的判断力。

如果你是中国的企业主,想要为公司开辟海外市场,我建议你不仅要自己熟读这本书的每一个章节,还要给公司的每个员工都安排一本,再根据他们的反馈来筛选出海项目团队。如果你身边有朋友正在为公司寻求新的出路,你将这本书送给他,他一定会觉得很棒。

如果你想跟我交流 TikTok,欢迎微信与我联系:dizitk。

目录

第一章 | TikTok 的市场潜力有多大

第一节　什么是 TikTok　/ 002
第二节　学习 TikTok 的三个理由　/ 017
第三节　中国人做 TikTok 有哪些优势　/ 028
第四节　TikTok 全球电商的分析与预测　/ 037

第二章 | TikTok 五大核心力量

第一节　产品力：做好 TikTok 选品　/ 048
第二节　内容力：夯实 TikTok 最核心的力量　/ 063
第三节　获流力：理解 TikTok 的流量与"留量"　/ 076
第四节　运营力：加强 TikTok 流量的承接与成交　/ 083
第五节　品牌力：建立 TikTok 品牌资产与壁垒　/ 094
第六节　TikTok 五力模型自测工具　/ 104

第三章 | TikTok 的基础知识与起号方法

第一节　TikTok 的账号基础知识　/ 112

第二节　TikTok 短视频流量算法五大底层逻辑　/ 121

第三节　TikTok 的起号阶段　/ 129

第四章 | 如何获得 TikTok 巨大流量？

第一节　获取健康流量的前提：别中了流量的"毒"　/ 140

第二节　如何利用"短视频超级滚雪球模型"
　　　　获得 TikTok 巨大流量？　/ 147

第三节　获得 TikTok 巨大流量的五大升级组合拳　/ 159

第五章 | TikTok 直播带货怎么做？

第一节　如何开启 TikTok 直播带货　/ 170

第二节　如何提升 TikTok 直播间流量　/ 177

第三节　TikTok 直播带货四类坑 + 避坑指南　/ 193

第六章 | 个体创业者如何在 TikTok 上变现？

第一节 个体/小团队创业者 TikTok 变现
路径解析 /202

第二节 给个体/小团队创业者的五条建议 /212

第七章 | 中国企业如何用 TikTok 拓展海外市场？

第一节 企业 TikTok 出海的优势和注意事项 /220

第二节 如何建立独立站+TikTok 的成交
增长闭环？ /228

第三节 中国企业用 TikTok 拓展海外市场的两个
阶段：MVP 测试+矩阵扩量 /238

第一章

TikTok的市场潜力有多大

第一节
什么是 TikTok

请你带着这些问题来阅读本节：

1. TikTok 与其他海外社交媒体的核心差别是什么？
2. TikTok 与国内抖音的核心差别是什么？
3. 结合以上两个问题，我们能从 TikTok 上找到哪些机会？

TikTok 是一个面向全球的新媒体内容平台，近两年来受到越来越多的人关注。我经常被身边的朋友问到：究竟什么是 TikTok？它跟抖音、Facebook 这些有什么区别？学习这个东西难不难？我从没有出过国能不能做呀？所以我决定在第一章先解释清楚什么是 TikTok、为什么要学习 TikTok、它背后的底层逻辑是什么等重要的基础问题。如果你是小白，第一章的内容一定要仔细阅读，可以帮助你从零建立起对 TikTok 的认知；如果你对 TikTok 有所了解，甚至已经有了深入接触，我建议你也不要错过第一章的内容，跟着我的思路一起过一遍它的底层逻辑。相信我，你一定会有所启发。

一、TikTok 的基本情况

1.TikTok 的由来

TikTok 是由字节跳动公司推出的海外版抖音，现在已经成为一款风靡海外的短视频社交平台。2017 年，字节跳动收购了拥有海外音乐版权的 Musical.ly，整合自己旗下的平台并且正式取名 TikTok。TikTok 的发音很像时钟的嘀嗒声，朗朗上口，很容易让人记住，也代表了这个平台内容短小精悍的调性和特点。

2.TikTok 的用户体量

到目前为止，TikTok 的全球下载量已经超过 30 亿次，月活用户超过 10 亿。在美国、日本、印度、俄罗斯等国家的下载量均排名第一，且多次占据苹果商店及谷歌商店下载榜首。它全面覆盖全球 150 多个国家和地区，75 种语言。2021 年至 2022 年，TikTok 的访问量陆续超过脸书、照片墙、推特、谷歌等。

二、TikTok 与其他海外社交媒体的不同

1.TikTok 与 YouTube

YouTube 不仅是一个视频平台，还是全球第二大搜索引擎。它的内容形式类似于国内的哔哩哔哩，以中长视频为主，对于

内容创作者的门槛更高。YouTube 的用户群体年龄分布更为广泛，使用场景多是在电脑端。我总结了 YouTube 和 TikTok 之间的 5 个差别。

从流量获取来看，此时的 TikTok，我们做好内容获得平台流量扶持的难度远远低于 YouTube。因为 YouTube 的流量生态是非常成熟和饱和的，作为一个新的创作者想要在这个平台上获取免费流量相对困难。但是 TikTok 起步较晚，对于新的优质创作者有更多的流量红利。

从内容的长尾效应看，YouTube 优质内容的长尾是很长的，有时候 1~2 个月都还能有不少的播放量增长。所以 YouTube 的创作者会觉得自己花费很多时间打磨优质视频是很值得的。但是 TikTok 的长尾效应就弱很多，一条视频的热度持续的时间一般在 3~5 天，特别好的内容时间会再长一些，但是比例很少。所以需要创作者一直持续不断地生产优质内容。

从内容上看，YouTube 平台上的内容更加广泛和深入，吸引着更广泛的目标受众。不仅仅有娱乐视频，还有很多关于新闻、政治、科学、医学等不同类目的长视频内容，用户会基于不同的目的在 YouTube 上面花费自己相对整块的时间。而 TikTok 的用户更倾向于在这个平台上消费自己的碎片化时间，也更偏向于娱乐内容。

从创作门槛看，对创作者来说，TikTok 的门槛比 YouTube 低很多，这就让更多的内容创作者进入 TikTok。但 YouTube 也新推出了 YouTube Shorts 板块，直接模仿 TikTok 的功能和竖屏的视频比例，为 YouTube 的创作者和用户提供 60 秒以内的短视频服务，与 TikTok 抢夺用户的碎片时间。

从变现方式看，现在 TikTok 处于平台发展早期，所以它也会在流量和政策上大力扶持真正的优质内容创作者，也推出了创作者基金。很多 YouTube 的创作者可以通过专职生产 YouTube 的内容，或者以从商家赚取网红推广的佣金的方式来养活自己。在 TikTok 上的变现方式更加多样。虽然说如果你作为一个单纯的内容创作者，想通过领取创作者基金和网红代言费的方式来变现，效果无法与成熟的 YouTube 网红相比（我在第六章专门讲到了），但是个人或者小团队在 TikTok 上有更多的变现方式。将它们组合起来玩法更丰富。

> **Tips** 相比而言，YouTube 内容创作难，变现容易；TikTok 内容创作容易，变现难。

后来，YouTube 也推出了 YouTube Shorts——竖屏的短视频板块，可以发布 15~60 秒的视频。但是基于用户对 YouTube 固有的习惯和认知，目前 YouTube 的用户还是对长视频黏性更高。

2. TikTok 与照片墙

照片墙有点儿像国内小红书和微博的结合体,很多博主喜欢在上面发布多宫格美图。随着短视频的形式火起来,照片墙也推出了一个新的短视频板块:照片墙 Reels。曾经被大家评价为"山寨版 TikTok"。很多 TikTok 创作者会将 TikTok 作为自己的主创作平台,然后也同步发布在 YouTube Shorts 和照片墙 Reels 上。

3. TikTok 与脸书

目前,脸书全球月活跃用户有 30 亿,TikTok 的月活跃用户大约有 14 亿。相比而言,TikTok 的用户更加年轻化,但是脸书的用户购买力更强。

从内容的角度来看这两个平台,TikTok 比脸书更有潜力,对于我们来说,有更多赚钱的机会。第一,是因为年轻的用户群体对于 App 的打开次数和使用时长有很强的增长趋势;第二,是因为 TikTok 现在在国外还没有全面开展全球直播电商和兴趣电商(我在第一章第四节会详细分析兴趣电商),在这一点上,拥有很强的直播电商经验、能力、供应链的我们,在这个时机对于全球化的直播电商做好自己的布局,是一个非常明智的选择。

TikTok 在逐渐改变海外用户的生活方式。很多人会将以前花在其他社交媒体平台的时间慢慢倾斜到 TikTok 上,也将 TikTok 作为自己全新的社交方式。

三、TikTok 与国内抖音的关系

TikTok 大受关注，很大程度上是因为国内的抖音已经深入人心，它不仅让我们多了一种新的生活方式，还创造出了很多商业价值。TikTok 是海外版抖音，了解它们之间的关系，对于学习 TikTok 事半功倍。

1. 用户的地域和年龄分布

从地域上看，国内抖音主要服务于中国大陆的用户，而 TikTok 作为海外版抖音服务于世界其他的国家和地区。中国大陆地区的人口虽然没有世界其他的国家和地区多，但是中国的人口密度相对比较大，且语言都是中文，也没有太大的文化差异，不管是用户的获取还是内容的传播难度都相对较低。TikTok 面向全世界，市场很大，但是存在语言和文化的差异，导致其发展的难度与挑战也是并存的。

从年龄上看，国内抖音的用户基本覆盖了全部的年龄段，每一个年龄段都能够在这个平台上刷到自己喜欢的内容类型。不仅是年轻人喜欢，父母辈也抱着手机刷抖音停不下来。抖音巨大的内容池依靠着独家推荐算法将视频推荐给用户，让每个人都能刷到自己感兴趣的短视频，不知不觉地消费时间。我们拿到不同人的手机，点开抖音，刷到的"世界"完全不一样，可以说是"千人千面"。

TikTok 平台的用户集中在 18~24 岁这个年龄段，占了总用

户的 42%，13~17 岁的用户也比较多，占比达到了 27%。也就是说 24 岁以下的用户量占了总用户的近 70%，意味着绝大多数的 TikTok 用户是年轻人群体。它对于我们选品、卖货、确定用户画像有着重大的指导意义。

表 1–1 抖音 vs TikTok 受众

抖音年龄受众		TikTok 年龄受众	
≤ 19 岁	8%	13~17 岁	27%
20~29 岁	38%	18~24 岁	42%
30~39 岁	33%	25~34 岁	16%
40~49 岁	18%	35~44 岁	8%
≥ 50 岁	3%	45~54 岁	3%
		55 岁以上	4%

2. 平台内容的特点

先来看我们熟悉的抖音的内容特点。现在抖音平台上的内容从 2017 年的泛娱乐化变得越来越成熟和多样化。除了丰富的娱乐内容，也有很多生活技能类内容、学习类内容、美食分享类内容、情感疗愈类内容。用现在的话说，抖音的内容越来越"卷"，可能前几年随手一拍的视频就会火，但是现在想通过发视频在抖音火起来并变现，则需要系统地学习抖音的算法逻辑，懂得给自己的账号打内容标签，组织专业的内容策划、拍摄团队、后期剪辑团队等。

再来看 TikTok 的内容特点。TikTok 上面的内容更多的是用户的自我展示和日常分享，相对更"原生态"。欧美区用户很喜欢有趣有料有意思的生活方式,比如萌宠日常,或是手工类和解压类的视频和直播;日韩区的内容画风跟国内很像,舞蹈娱乐类和卡通IP类内容风格更明显;阿拉伯地区的账号能经常刷到各种土豪开着豪车载着自己的豹子炫富;东南亚区的视频风格则能让你感受到即使生活很苦,也无法阻挡大家苦中作乐的积极乐观的生活态度,时不时还能刷到印度特殊民俗的搞笑类视频。

像国内抖音比较火的情景短剧类视频,在TikTok上数量更少。我经常跟员工们调侃说,TikTok就好像是三年前的抖音一样,大家都很"单纯",放个音乐配点舞蹈就有机会达到百万播放量。视频的拍摄和制作也相对粗糙,大多用手机拍摄,也没有精良的后期剪辑。我的一位美国朋友是TikTok上拥有百万粉丝的网红。她没有团队,也没有购买专业器材,一部手机,自己拍自己剪自己发布,8个月的时间就突破了100万粉丝。

再看视频的时长,能明显地感觉到国内抖音的视频有长有短,随着内容制作的精良程度不断提升,抖音的创作者和创作团队对于视频时长的操作空间也越来越大,不断有相对长的视频上热门,获得高赞。但在TikTok上,虽然现在已经能发最长10分钟的视频了,但是15~30秒的短视频还是出现得最多,且是最受欢迎的。

3. 算法与推荐机制

在这里我先简单聊一下国内抖音的推荐算法,帮助你对

TikTok 的算法获得基础理解。当你通过本书第一章和第二章建立了对 TikTok 的基本认知之后，我会在第三章专门讲 TikTok 的推荐逻辑，带你一步步从了解到熟悉，从熟悉到运用。

（1）抖音的推荐算法

国内抖音的推荐算法和逻辑是值得学习和参考的。我简单地总结了一下我们团队对抖音算法的归纳整理。

第一次分发：智能分发，200~500 观看量阶段。每一位用户发布视频时，官方都会根据你的账号和内容标签将这条视频按照一定的比例推荐给相同兴趣标签用户、你的粉丝、同城、可能认识的人等。只要你的账号没有被处罚，那么发布的每一个作品都会有 200~500 的基础播放量。但是也有很多学员困惑：自己的视频怎么只有几十播放量？是不是系统没有给自己公平的播放量？这是因为你在后台看到的播放量为"有效播放量"，用户在你的视频界面停留超过一定的时间才会计入。如果在一瞬间就滑走，则不会计算在内。就好比我们在楼下开了个超市，路过的有 1000 人，进门看商品的也许只有 100 人。

在账号的起号阶段，很多人都会经历一个令人沮丧又抓狂的"黑洞期"：你花五六个小时精心制作的视频，发出去之后满怀期待地看数据，结果却只有个位数的赞，好一点儿的也只有两位数的赞。很多人坚持一段时间之后就坚持不下去了，却不知绝大多数人做账号都会经历这个黑暗且漫长的"黑洞期"。这个"黑洞期"，就是抖音平台从"不认识你"到"认识你"

的过程（TikTok也会经历这个"黑洞期"，在第三章的内容里会专门聊到如何更快地度过"黑洞期"）。

举个例子，你的账号内容是做美妆的，在最开始你没有给自己的账号打上标签时，你发布的视频会被随机推荐给500个用户，假设其中有300位男士和200位女士，那么你最开始的观众就有60%的比例，就是那300位男士会直接滑走，剩下的200位女士才会考虑你的视频好不好、有没有参考价值、要不要跟你学美妆，或者是要不要根据你的推荐来购买产品。

随着你一次次地发出视频，喜欢你的粉丝一点点沉淀，系统就会越来越清楚你的账号画像和你的粉丝画像，才能够越来越精准地将你的视频推荐给最有可能喜欢你作品的用户。当然你可以借助主页简介、视频标签等很多方式帮助抖音系统来更快地认识你，但最重要的还是你的作品和质量。

第二次分发：数据加权，1000~5000观看量阶段。如果一条作品的完播率、点赞率、评论率、转发率、收藏率都不错的话，就会被推荐到下一个流量池。我们公司根据反复测算的经验，给自己的作品设定了这样的数据要求：

3.5%以上的点赞比+0.35%以上的评论比+45%的5秒完播率

举个例子，如果一条视频有1000个观看量，它获得了35个赞，3~4条评论，并且有450个人看完了本视频的前5秒，那么我们的这条视频就极有可能被推荐到 1000~5000 这个流量池。

第三次分发：叠加推荐。当二次分发的数据较好时，就会被系统进行叠加推荐，这个时候进入指数级增长的快车道上，你会发现这条视频的观看、点赞、评论、转发在疯狂上涨。视频数据会飞速增长，越来越好。这个时候视频就会突破它本身标签的限制，推荐给更多与兴趣标签并不匹配的人。这就是为什么我们经常会在抖音上刷到一些跟自己熟知的兴趣领域无关的视频，却依然觉得很有意思，或者很有收获。这样的视频就是已经去标签化的热门视频。

（2）TikTok 与抖音算法之间的差别

有了对国内抖音的算法理解，再来看国际抖音 TikTok 的推荐算法就会容易很多。这两个平台有着相同的基础架构，所以我们国内熟悉抖音的朋友能够更快更好地学习和拆解 TikTok 的玩法，并且通过它来为自己变现。

但是 TikTok 和国内抖音在算法上也有差别，掌握这些差别，可以帮助我们在 TikTok 的学习和变现路上更好地掌握方向。

最重要的差别是基础流量池的范围。国内抖音的基础流量池就是所有的抖音用户，然后根据兴趣标签、同城、粉丝、好友、陌生人等进行一定比例的配比来为一条视频分发对应的流量；而 TikTok 的流量分发，会优先根据账号所在国家和地区作为最大的基础流量池，然后再按照兴趣标签、同城、粉丝、好友、陌生人等进行一定的配比来分发流量。只有当你的账号或者视频已经火到了一定程度时,才会突破地域的限制推荐给其他地区的用户。

不要小看这一点点区别,它决定了我们在注册和使用这个账号时目标市场到底是哪里。虽然说在 TikTok 的搜索界面可以对平台所有地区账号及内容进行搜索,但是当你想要通过 TikTok 获取流量并且变现的时候,需要首先考虑的是你准备做哪个国家的市场。一旦这一步选择错误,你的内容不符合当地人的"口味",那么想要获得优秀的数据表现,并且突破本地流量的限制就会非常难。

4. 平台开放性与流量循环

国内抖音是一个相对封闭的平台,它和快手、微信等国内各大社交媒体激烈地抢夺用户,并想尽办法提升用户的在线时长。抖音不愿意看到自己好不容易获得的流量轻易地流向其他平台,所以抖音平台的规则相对严格,很难站外导流。很多账号因为引导粉丝加自己的微信或者关注其他平台的账号而被处罚。

TikTok 在这一点上比较开放,在 TikTok 的主页上可以直接绑定你的照片墙账号,你的粉丝可以直接跳转进入你的照片墙。如果你是商家,可以直接将你的独立站链接、亚马逊店铺链接、YouTube 频道链接等各种你希望粉丝点击的链接挂在你的主页上,从而引导粉丝去其他平台。只要你的内容足够吸引人,给粉丝足够的信任,让粉丝愿意按照你设置的路径买单,那么不管是导流,还是沉淀私域,都不会遇到阻碍。

5. 变现方式的对比

在本书的最后两章我会系统地阐述个体创业者和中国的企业主在 TikTok 上不同的变现路径。在这里我先简单与国内抖音做个对比,方便你对 TikTok 的变现方式有基础性了解。

表 1-2 抖音 vs TikTok 的变现方式

抖音	TikTok
承接广告	承接广告
直播打赏收入	直播打赏收入
短视频带货	短视频带货
直播带货	直播带货
知识付费变现	知识付费变现
代运营	代运营
MCN 达人签约	创作者基金
资源变现	海外私域变现
为实体店引流	TikTok 服务商

根据上面这个表格,有以下几点差别值得注意。

(1)创作者基金

目前,TikTok 还处于发展期,为了吸引更多优质的内容创作者,设立了专项基金,鼓励创作者们源源不断地产出更多优质内容。所以即使没有其他变现方式,你也可以仅凭优质内容申请到 TikTok 官方的创作者基金。TikTok 美区曾拿出 2 亿美元的创作者基金来鼓励优质创作者持续产出好内容,但这个基金的额度会随着平台的发展阶段不同而改变。所以在获得创作者基金的同时，也需要去布局和考虑其他的变现模式。

（2）小黄车带货

国内抖音的小黄车带货已经发展得比较成熟，不管是视频小黄车还是直播小黄车，用户们已经习惯点开购物车购买相应的商品。现在TikTok的视频小黄车和直播小黄车虽然已经在部分地区开启了测试，但是海外用户在这样的平台上进行购物的习惯还没有被培养成熟，对于全球兴趣电商的用户教育，还有很长的路要走。我们在选择市场的时候就要有这个意识，圈定重点想要渗透的地域范围，并且深入了解对应的市场特性和用户画像，来更好地确定选品逻辑和营销方式，而不是泛泛地认为全平台的人都是我的客户。

（3）直播打赏

抖音以直播打赏作为主要收入来源的主播多为秀场主播、才艺主播、娱乐主播、知识主播、带货主播等。如果你不了解当地文化和人文习惯，我不太推荐你在TikTok上以直播打赏作为主要的变现路径。

（4）知识付费变现

抖音中的知识付费覆盖面非常广：教商业、销售、考证、外语、技能、财商、生活、美学、情感、娱乐等。只要我们能想到的，有需求的地方，都会被做成课程在抖音上分享或者售卖。目前在TikTok上也有各类的知识分享，华人创作者除了分享自己的专业知识以外，教外国人学习汉语也是非常受欢迎的。如果你想在TikTok做知识或者服务的变现，可以基于自己和团队擅长的领域，结合当地用户的需求来运营TikTok。

以上是基于TiTok与国内抖音的简单对比。在本书的第六章和第七章，我专门为两种不同类型的读者详细拆解了变现路径和具体操作方式。你在阅读完前面的章节之后，可以按照最后两章的内容进行实操。

Tips

抖音和TikTok之间的相同与不同都很重要。相同的部分可以将已有的好方法迁移到TikTok上使用，不同的部分可以成为差异化竞争的拉分点。

第二节
学习 TikTok 的三个理由

请你带着这些问题来阅读本节：
1. 为什么短视频和直播的发展趋势如此迅猛？
2. TikTok 为什么用户多，并且增长很快？
3. 现在是入场 TikTok 的好时机吗？

每次我被朋友或者学员问到要不要做 TikTok 时，我都会先问对方一个问题："你可不可以先告诉我，为什么想学习 TikTok？"每次我得到的回答都是："TikTok 现在太火了！抖音我是没机会咯，赶紧试试 TikTok。""听说在 TikTok 上随便发发视频就能火，我也想当网红过过瘾。"如果你的回答和他们相似，那请你一定要认真阅读本节内容。

TikTok 一定值得学习，但我们也要清楚为什么学习。我将从三个方面带你具体了解 TikTok 值得学习的理由：新媒体趋势、TikTok 平台流量增长以及入场时机。

一、短视频+直播的新媒体趋势席卷全球

近几年,短视频的发展很迅速,而且具有很强的传播性。我们每天都会花大量时间刷短视频,"拍"和"发"也成了每个人的必备技能。很多人都是从最开始不怎么接触短视频,到现在离不开短视频,甚至将短视频作为自己的主要事业。短视频的内容、拍摄、剪辑、后期、演绎等,都设有专门的岗位,配备专业的培训。

直播板块更是大受欢迎,娱乐类、游戏类、带货类、知识类、虚拟类等直播,不仅有吸引力,还具有互动性。当主播说出"倒数五个数,5、4、3、2、1,上链接"的时候,观众会控制不住自己激动的心、颤抖的手,疯狂抢购产品。直播板块也因此而衍生了主播、助播、场控、运营、选品、供应链管控、合作方谈判等相关岗位。

TikTok在海外上线,迅速获得了全球用户的喜爱和关注,短视频和直播也在全球范围内越来越受欢迎。这背后有两个因素:第一,短视频和直播自身的成瘾性;第二,短视频和直播是一种不可逆的趋势。我们一个个来看。

1.短视频和直播为什么会容易让人上瘾?

第一,短视频和直播的信息密度大,可以频繁地对用户产生较强的"刺激"。我们最容易被以下几个点吸引:笑点、泪点、爽点、启发点。

但在我们的日常生活中，这四个点的密度却非常低。我们看一本书或者一部电影，需要花很长时间才能看到整本书或者整部电影的爽点。但是短视频完全颠覆了这样的节奏：每一条优质的短视频都能够将笑点、泪点、爽点、启发点这四个最能刺激我们的点直接送到我们面前，让我们不知不觉地沉迷其中。

第二，短视频的创作门槛更低，产量更大，所以优质短视频的数量更多。短视频与电影、电视剧、中长视频等这些作品相比，对时间、场景、人物、道具、画面、后期的要求都没有那么严格；与写一本书相比，不需要查阅很多参考资料，无须特别严谨而深刻地思考和输出。你可能会发现，身边的影视从业者和作家是少数人，但短视频相关从业者好像遍地都是。

第三，短视频容易让人上瘾还有一个很重要的因素：配音。单独听那些有趣的配音、动感的音乐、有节奏感的音效，哪怕不配画面都会觉得很愉悦。当短视频配上它们，用户的注意力就会立刻被配音吸引，更容易进入当下短视频的场景、氛围和情绪，获得沉浸式体验。再刷到新的短视频时，也会因为配音不同而快速进入下一个短视频的场景。可以说，好的配音会让短视频的笑点、泪点、爽点、启发点更明显。如果我们在刷短视频时关闭声音，可能几分钟都刷不下去就想退出了。所以，好的配音，也是让用户不自觉上瘾的重要因素。各大短视频平台也很清楚这一点，所以都建立了自己强大的音乐音效库，更有甚者会把热门的搞笑配音放在剪辑软件里面，这样创作者使用起来更方便。

2. 短视频和直播是一种不可逆的趋势

第一，用户选择消耗时间的方式，正在从"冷媒介"转向"热媒介"。麦克卢汉曾在《理解媒介》这本书中提到："冷媒介"的信息清晰度低，是需要受众较高参与度的媒介。冷媒介传达的信息含量少而模糊，在理解时需要动员多种感官的配合和丰富的想象力，比如漫画、手稿、书本等。"热媒介"的信息清晰度高，是需要受众参与度低的媒介。热媒介传递的信息比较清晰明确，接收者不需要动员很多的感官和联想活动就能够理解，比如照片、短视频、直播等。

用户在消耗时间时，会慢慢地倾向于选择热媒介，这也更符合用户在娱乐放松时的状态。想想看，我们在刷短视频、看直播的时候，很享受这种被动接收强刺激信息的感觉，不用很费劲，却能够很开心。我们能够明显地感觉到，自从抖音火了之后，很多人将以前刷朋友圈的习惯改成了刷抖音。这就是从冷媒介到热媒介的一种转变。

第二，用户选择媒体的形式，正在从"单一感官"转向"多维感官"。多年前，我们的父母听收音机和广播就会很开心，我们手里有个随身听、CD机、MP3就觉得自己比其他同学更"富有"；后来有了MP4、MP5、智能手机之后，因为听觉和视觉被同时照顾到，随身听、收音机这些产品就被淘汰了。短视频和直播这种新的媒体形式，不仅有听觉和视觉的满足，还因为互动性强（用户可以点赞、评论、直播间互动、刷礼物、PK等），为用户增加了一层触觉刺激。我们经常会拿着手机疯狂点赞，在直播间准备好抢购商品，都是因为这种互动带来了很强的参与感。所以相比普通的电视电影，用户更倾向于选择更刺激三维感官的短视频和直播。

第三，用户对媒体信息的接收速度越来越快，并且很难再慢下来。以前我们不仅很喜欢正常速度播放的电视剧，甚至可以耐着性子忍受每一集电视剧里面插播半个小时的广告。而现在，我们已经习惯在看任何视频时都开倍速播放，并且倍速越来越高。我们习惯1.25倍速之后，就会嫌正常速度太慢；习惯1.5倍速之后，就会嫌1.25倍速太慢。当我们习惯了快的速度，就很难再回到之前慢的速度了。

我们以这个视角来看短视频：很多短视频在制作的时候为了增加自己的信息密度，给用户更强烈的刺激感，往往会在剪辑和后期加倍速，直接将速度加快到让人看着就停不下来的程度。养成这个习惯之后再去看其他媒体，我们就会忍不住想要去点"倍速播放"按钮，否则就觉得浑身不自在，没有耐心看下去，然后再次默默打开短视频App，继续刷短视频。

结合上述因素可以得出一个结论：短视频和直播会让人上瘾，且它们是一种不可逆的媒体趋势。我们能够清晰地感受到，不管是中国还是其他国家，短视频和直播都越来越受用户的欢迎，以短视频和直播为代表的新媒体正在慢慢蔓延全球。学习

TikTok，能够更好地顺应世界媒体的趋势，布局和调整自己的事业。这就是我们需要学习 TikTok 的第一个理由。

二、TikTok 有着庞大的流量，且在快速增长

2022 年，TikTok 月活流量已经超过 10 亿，并且有着非常迅猛的增长速度。我们一起来看一下从 TikTok 成立至今的用户增长情况。

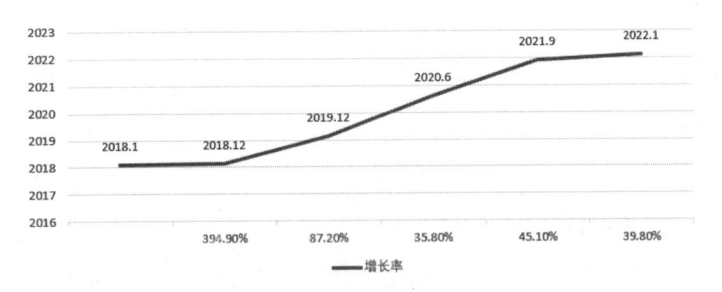

年份	2018.1	2018.12	2019.12	2020.6	2021.9	2022.1
增长率		394.90%	87.20%	35.80%	45.10%	39.80%

图 1-1　2018—2022 年 TikTok 全球用户月使用量增长趋势图

从图 1-1 能看出，TikTok 用户的增长率呈逐年递增的趋势。除了上述所说的短视频 + 直播的新媒体赛道很符合时代趋势以外，TikTok 也有两个属于自己的独家本领，使它备受用户的欢迎。

1.TikTok 独家的 For You（为你推荐）推荐机制

如果说短视频让人上瘾，那么更让人停不下来的就是根据你的个人喜好为你独家定制短视频的推荐机制。字节跳动公司最引以为傲的就是自己的推荐算法，不论是抖音还是 TikTok，

都能够很快地为创作者和用户打上标签,并且精准地为他们推荐匹配的内容。

平台会在一开始给每一位新用户推荐各个领域的爆款视频,然后根据用户停留时长、点赞、关注等数据来给他贴上一个个标签,再根据这些标签调整推荐视频的领域,并且根据用户最新的数据来调整推送比例。在刷一段时间之后,账号就会被之前的用户行为"驯化"成只推荐自己喜欢的内容,而对于平台来说,这个账户也被贴上了多个标签,做成了"用户画像"。我经常会跟朋友开玩笑说:"最懂你的不是你的爱人,甚至不是你自己,而是你的抖音或者 TikTok。"

所以当本身就具有强刺激属性的短视频和直播配合平台的个性化推荐机制时,便共同造就了一个广受用户喜爱并且持续进步的新媒体平台——TikTok。

2.TikTok 为了吸引优质创作者做了三大努力

第一,平台降低创作门槛,为用户准备了大量的创作辅助工具。TikTok 自带的"相机"功能,里面内置了很多特效和贴纸,让每个普通人配合特效就能拍出一条短视频;剪映的海外版 CapCut,让每个普通人都可以用手机随时剪出一条短视频;TikTok 里还有内置的热门音乐库和音效库,让每一个普通人都不用发愁去哪里找好素材,可以很容易地使用它们让自己的视频更有吸引力。TikTok 用这些工具大大地降低了创作者进入短视频领域的门槛,使制作视频这样的事情从之前的专业化变得越来越大众化，也让创作者可以将精力更多地放在好的内容创作上。

第二，TikTok 的推荐机制会奖励优质创作者更多流量。我在前面提到了 TikTok 的独家推荐机制会给用户匹配他们喜欢的作品，这同时意味着受欢迎的作品就能够不断地获取平台的流量。创作者会发现，只要自己的作品受欢迎，就会被数据算法一次次地推向更高的流量池中，自己的粉丝也会涨得飞快。有不少素人是因为 TikTok 而火起来，因为平台鼓励新的创作者不断产出优质的内容，所以会不断地给新的创作者机会。

第三，TikTok 专门推出了创作者基金，来鼓励和扶持优质创作者。对于符合平台要求的优秀创作者，在申请到创作者基金的权限后，TikTok 会根据创作者的播放量来计算发放基金的数额。这一做法更加推动了 TikTok 上的创作者源源不断地产出高质量的视频作品，来提升用户刷短视频的体验。

TikTok 用这三种方式，鼓励更多的优质作品不断产出，再匹配给喜欢的用户，让他们每天刷不停，对 TikTok 产生依赖。这样平台用户越来越多，流量越来越多，从而形成了一种增强回路。

三、提早入局 TikTok，有机会享受平台的初期红利

1. 为什么入场时机很重要

"入场时机"一词多用于与股票相关的投资，指的是投资

者选择优质的潜力股并在它早期低价时买入。我们在选择事业和行业时，也是一种对自己时间精力的投资。我结合自己的经验来讲讲为什么入场时机很重要。

第一，在正确的道路上，入场时机越早，增长空间就越大。我们都知道，当初阿里巴巴的十八罗汉因为在最早的时机选择加入阿里巴巴，拼凑了最开始的50万创业资金，才会在后来阿里发展壮大之后成为亿万富翁。所以入场时机一定是越早越好（前提是认准这是一条正确的路）。

第二，越早入局，越能够以较低的成本占领好的资源位。就像我们十年前在一线城市买一套最好的学区房，那真的是花很少的钱占领最好的地段，坐等房子升值。对我们来说，买房子这种机会可能很难再来一次，但是对于一些新兴的有发展前景的行业，比如TikTok，我们可以尽早为自己布局，占一个好的生态位。

2. 如何判断当下是不是入局 TikTok 的好时机

第一，国内抖音比国际抖音发展得早，我们可以参考国内抖音的发展历程，来判断当下 TikTok 所处的阶段是预备期、启动期、发展期还是成熟期。我前面也提到过，TikTok 现在的内容相比国内抖音来说，精细度低很多，还处于一个"原始"阶段。国外用户对于短视频和直播这种新媒体的理解与尝试也处于比较"浅"的阶段。不仅如此，用户教育和用户习惯也是很难改变的，需要漫长的过程。所以不论是短视频还是直播，在国外的发展程度还都处在早期阶段，想要发展到成熟期还有很长的距离。这就意味着，我们现在入场正处于比较早的阶段，有很大的发展空间。

第二，我们选择在早期阶段入场 TikTok 赛道是件好事，但是千万注意：一定要避免成为"炮灰"，耗钱为他人做"嫁衣"，因为用户教育是需要大量的时间、精力和金钱的。我们办公室楼下有一家做跨境的公司，去年在 TikTok 上耗费了几百万元，最后没办法收回成本破产了。他们在这个阶段用大量消耗广告费的方式去做带货，很大一部分钱被花在"种草"的过程中。他们用自己的钱，来加速用户从种草到购买的进程，在没有做好选品、测算好自己的 ROI（Return on Investment，投入产出比）的情况下，抱着"我先烧钱让用户认识我，亏点没关系，等他们复购就赚回来了"这样的心态去花钱。钱花完了才发现，这点钱远远不够帮助平台做用户教育，用户教育也不是花了钱就能马上成功的，而是有滞后性的。

第三，早期入场 TikTok，该如何更好地跟着 TikTok 一起成长？这是我们团队在 TikTok 上搞过几百个账号，卖过几十种产品，经历过爆单的喜悦，也遭受过决策失误的亏损之后，摸爬滚打总结出来的：一个平台需要慢慢发展成熟的过程，我们要顺应平台的成长规律，加强自己对平台算法的理解，以它为基础不断打磨和提升自身的内容力，筛选好供应链，配合正确的选品和营销方式，在保证利润的前提下，跟随平台的发展不断调整变现策略。

这样做可以让我们拥有对平台深刻的认知并提高自身强劲的实力,当平台的"风"真的吹起来时,我们可以在第一时间乘胜追击;当平台的"风"没有吹起来时,我们也能获得不错的利润稳步前行。

所以 TikTok 现在正处于一个非常好的入场时机,我们要正确地理解和学习这个平台,并且增强自己的实力,提前做好布局。

> **Tips**
>
> 正确的入场策略 = 早入局好赛道 + 正确的打法 + 顺应平台成长规律 + 坚持不懈静待花开

第三节
中国人做 TikTok 有哪些优势

请你带着这些问题来阅读本节：

1. 中国人为什么在内容方面更有潜力？
2. 为什么在中国更能找到物美价廉的产品？
3. 在中国做 TikTok 还有哪些优势？

TikTok 的市场大，流量多，竞争对手也遍布全球，这对于我们来说是机遇也是挑战。但是本节我想告诉你的是，我带着团队在反复摸索 TikTok，走了无数次选品卖货的闭环之后，发现中国人在做跨境电商和 TikTok 时，有三个天然的独家优势：内容潜力优势、产品力优势和用工成本与时间的优势。

一、中国人做 TikTok 有内容潜力优势

TikTok 是一个以内容为杠杆撬动流量的平台，谁能做出符

合平台用户喜好的内容，谁就拥有获取平台流量的核心能力。而我们在做竖屏短视频内容方面，比外国人更有优势。

我们先看看 TikTok 的四个内容现状，来更好地理解我们的内容潜力究竟在哪里。

第一，很多 TikTok 作品的画面精细度不高。如果你曾尝试过刷 TikTok，会感觉到 TikTok 的视频比抖音更粗糙，有点像三四年前的抖音，精打细磨的短视频作品相对更少。

第二，TikTok 上面很多作品是创作者的个人展示，拍摄难度较低且时长较短。精心策划过内容的视频在整个平台上的比例非常小。相比于 YouTube 而言，TikTok 就像是用户们随手拍摄并发布的朋友圈，很随意；而 YouTube 就是精心策划过剧本的大制作。

第三，很多创作者的作品是分散的、不成体系的，想到什么好玩就拍什么，觉得什么有趣就发什么，作品与作品之间的内在联系也比较弱。对比国内抖音那些专门体系化打造"系列作品"和垂类内容的账号，TikTok 里面除了纯展示自己产品的商家账号、风景账号、宠物账号以外，其他类型里面内容成体系的账号并不多。

第四，海外成熟的 TikTok 短视频 MCN（Muti-Channel Network，多频道网络）比国内少。MCN 可以给达人创作者提供信息价值、效率价值、资源价值等，有不少网络红人经过 MCN 的孵化走上了这条路。而 TikTok 的起步相比国外的 YouTube、国内的抖音更晚，且商业化的进程更靠后。虽然美国的 MCN 起步更早，但成熟的 TikTok MCN 却相对较少。

现在我们带着对 TikTok 视频内容的认识，来看看我们中国人到底为什么比外国创作者在内容的创造与提升上更加有优势。

1. 中国人的网感优势

我很喜欢说"网感"这个词，我对它的定义是：对特定平台、人群、市场相关的事情，有快速准确的洞察，有针对性地进行挖掘和跟进，从而能够判断并输出符合这类人群喜好、需求的好内容的能力。

想要培养好的网感，需要大量的内容积累和有意识的复盘总结，分析在这个平台里排名靠前的账号或者内容为什么如此受欢迎。刷多了看多了，有了总结分析的意识，练习一段时间后你会发现对内容的判断力提升了很多。当然，想提升自己创作内容的能力，光看是远远不够的，要不断地输出，不断地看到真实的反馈，不断地总结提升，再不断地坚持输出。在实践中不断优化，才能很快地提升网感。

TikTok 是抖音的国际版，字节跳动这家公司带着很强的中国基因。我们作为中国人，理解这个平台的设计思路，会比理解国外平台更容易。我们每天使用抖音的时间和机会很多，它充斥着我们的生活。在很多外国人在没有接触 TikTok 之前，我们就对国内抖音有了充分的接触和实践的机会，拥有更多观看、感受、主动制作并得到观众反馈的机会，这就是咱们中国人天然的网感优势。

> **Tips**
> 把自己泡在 TikTok 的网络环境里，地地道道地"腌入味儿"，你的网感一定比别人更好。

2. 中国人对短视频体系化学习的优势

国内抖音短视频电商课程和参考案例层出不穷，做法多样，你想学立刻就能搜到一大堆课程。中国的"玩家"很勤奋努力，也善于钻研总结。不管是自己的案例，还是分析其他网红达人，都能将成败经验萃取出来，再反复实践，反复总结。不仅自己做成了很多大账号，还将它们做成专业课程，教授给想要做短视频和直播的同学。

你想要专业系统地学习这些做法，可以自己分析总结，也可以花钱去购买市面上专业的课程（市面上的课程质量参差不齐，选择付费课程需谨慎）。它可以帮助我们更快地了解国内短视频和直播是怎么获取流量和变现的。只要肯学，不管是内容脚本，还是拍摄设备，抑或是剪辑方式，都有非常专业的课程供我们学习。

夯实这些基础之后，你会发现获取流量并变现，有很多方法和路径，我们可以根据自己的产品选择合适的策略。与国外的创作者相比，我们完全不在同一条起跑线上。所以在商业竞争上，我们有很强的先发优势。

我在 2020 年的时候，带着团队从零开始摸索 TikTok。当时没有现成的TikTok课程和书籍，于是我沉下心研究国内抖音，学习抖音账号为什么能做起来，都具备了什么要素，以及有哪些做法可以参考。我和团队的小伙伴列出了很多抖音运营方法，在TikTok一个个做测试，很快就找到了适合不同产品的正确做法。这也是我能够在新平台的开始阶段就能很快带领团队摸索出一套独家做法的原因。这就相当于在国内磨炼自己的内容力，再迁移到TikTok上。

二、产品力和供应链优势

1. 中国的产品种类更丰富

中国市场的竞争很大，各个行业产品都面临着很大挑战。商家们为了寻找组合创新产品去占领用户心智，绞尽脑汁地把各个行业类别的产品拆分成更细的小垂类。比如每家每户都有的调料——酱油，被拆出了一个新的小品类：宝宝酱油。调整一下成分，换一下包装和广告语，就能很快让宝妈们来买单。或者是将几个垂类产品进行组合，创造一个新的品类，比如平板+电子墨水+电子书功能+网络记事本+语音转写功能=智能办公本。

中国商家在这样的竞争环境下不断地创新，找出新的品类投入市场。很多品类可能在海外从来都没有被想到过，但在中国已经炉火纯青。我在美国的时候，经常买不到自己想用的东西，然后打开我的手机淘宝，买一堆国内的好东西，再集中转运到美国。我在美国四年时间，从淘宝转运过来的东西不下几百件，比如精美的手机壳、设计独特的高跟鞋、镶满钻石的穿戴甲、多功能的电子插排等。这些东西不仅中国同学看了会羡慕，更是让外国同学眼前一亮，跑来问我是在哪里买的。

所以，我们的产品在种类、创新性上面有非常强大的优势。以前是外国人把自己的新鲜玩意卖给我们，卖很高的价格，我们还要抢；现在是我们把他们想不到也没有见过的产品卖到海外，让他们为我们的国货买单。

2. 中国的产品质量更好，做工更精细

在国内我们经常会看到一个字：卷。我经常跟朋友们开玩笑，说咱们真是时时能够切身地感受到商家们将产品花式内卷，简称"花卷"。产品的原材料、配方、包装、样式、精细度等每一个方面都能卷出一朵花来。比如说新国货美妆品牌花西子，把口红的膏体都做成了很精细的浮雕，更是把包装当成工艺品来做。像花西子这样为了在竞争中脱颖而出，而在产品上下功夫的商家和工厂还有很多。所以在我们中国，想要找到制作工艺、用材用料、质量都很顶尖的产品一定不是一件难事。

我们把这些质量好、做工精细的产品卖到海外，产品的竞争力会更强，溢价空间也会更高。客户在购买之后发现产品不错，也会主动复购、转介绍和分享我们的产品，成为一名忠实用户。有一次我跟"私域肖厂长"聊天的时候，他说了一句话

让我印象很深:"产品力是我们一切创业的基础力量。如果产品不好,好的营销和广告只会加速产品的死亡。"这句话不管用在国内还是国外,都行得通。

流量营销固然重要,但是我们也需要先提升产品力,它就好比高楼的地基。地基不牢,用再多的流量和营销将高楼建起,也会因为地基支撑不住而坍塌。而在我们中国,真的更容易找到好的工厂,做出工艺精湛和质量过硬的产品。这个优势对于每一个想要做海外市场的人来说,都是值得好好把握的。

3. 中国产品的平均成本更低,更有价格优势

我们选择卖到海外的产品成本大部分是由原材料成本 + 运营成本组成,而这两种成本在国内的价格都比美国等国家更便宜。

先看原材料成本。我们生产产品常用的原材料,比如木材,2021 年中国的平均成本是 157 美元 / 立方米,而美国的平均成本是 254 美元 / 立方米,比中国的成本高出 61% 左右;钢铁中的热卷,2021 年在中国的平均成本是 815 美元 / 吨,而在美国的平均成本是 1612 美元 / 吨,基本上达到了一倍的差价。

再来看运营成本。运营成本一般包括房租、人工、水电、物业等。美国的房租折合成人民币比同等级城市、地段和面积的中国房租高出好几倍;人工成本更是出了名的贵,一旦跟人工沾边,物价马上就会上浮很多;水电和其他费用也一样。虽然对于挣美元花美元的当地人来说完全可以承受,但是这些成

本放在中国,把产品生产出来,再卖到美国,就能够体现出低成本的优势了。

所以,中国的产品在以美国为代表的海外市场更加具有物美价廉的优势。我们只需要核算加上物流成本之后是否依然具有价格优势。如果有,我们在选品的时候就可以留出更多的利润空间,为公司做更长远的规划。

三、用工成本与时间优势

用工成本很好理解,在美国这样的国家招聘员工的薪资成本远高于国内。我在上面讲产品成本的时候提到过,人工成本低,也就是公司直接招聘的员工工资成本低,会让产品的价格和成本降低。我在美国的公司所有的全职员工基础岗位的平均工资是 3000~4000 美元/月,每两周就要按时支付给他们。同样的岗位,我在中国公司的员工平均工资是 5000~8000 元/月。如果我将 TikTok 的业务板块全部放在美国,会比我现在的做法(将总部和主力军放在国内,只留一部分主播和运营在美国配合中国总部一起工作)每月多出 60 多万元的人工工资支出。

时间优势这点是我近一年以来感触比较深的,国内外有时差,在中美都安排主播交替直播、错峰直播,更有利于打造 TikTok "日不落"直播间。国外晚上 8~12 点是直播最黄金的时间段,但是这个时候竞争也更加激烈,经过我们反复测试,其实在国外半夜时直播，效果也很不错。这个时间点上海外的主播们都已经睡觉了，而我们则可以在国内不费力地卷他们。

以上这几点，都是作为中国人独具的优势。虽然说在做TikTok的过程中会遇到语言问题等中国人相对劣势的方面，但是这些是可以通过筛选相应的人才或者其他方式解决和弥补的。以上这些独特优势更需要我们好好利用和发挥。

读完本节，你一定很清楚中国人为什么适合做TikTok和跨境电商了吧！

第四节
TikTok 全球电商的分析与预测

请你带着这些问题来阅读本节：

1. 兴趣电商和搜索电商的核心差别是什么？

2. 国内的兴趣电商是在哪些要素的推动下发展起来的？

3. 该如何看待 #TikTok Made Me Buy It（话题：TikTok 使我购买）未来的趋势？

在我们日常线上购物中，一般会通过两种方式购买产品：一种是比较传统的搜索电商，另一种是新兴的兴趣电商（或者叫内容电商）。它们之间存在着很大的差别，并且它们所占市场份额的比例也在慢慢地发生变化。

一、什么是搜索电商和兴趣电商

搜索电商，以国内的淘宝、京东，国外的亚马逊、谷歌为代表，当用户有明确的购买需求时，会在这些购物平台搜索自己需要的产品，对比相似产品，然后做出购买决策。

兴趣电商，以国内抖音、淘宝直播板块、小红书，国外TikTok、YouTube、脸书、照片墙为代表，用户本来没有购物的需求，只是为了娱乐或者随便逛逛浏览这些App，但是看到了图片或者视频内容之后，有了很强烈的兴趣和冲动，也想拥有同款产品。再加上"限时优惠"的刺激，不知不觉地就产生了购买行为。

二、兴趣电商和搜索电商的四大差别

1. 用户是否有明确的需求

用户选择搜索电商平台，一般是已经有了明确的购物需求，知道自己想要什么。是因为缺少生活必需品，或者是因为实体店的某件产品太贵想上网找一个更便宜的，总之一定有明确的目的才会打开这个购物平台。用户将购物平台当成自己的工具，在有需求的时候就让这个平台帮自己实现"多快好省"的目的。

但是，即使有明确的需求，也会受到语言文字描述的限制。我在淘宝上买东西时，经常遇到不知道如何描述自己心中想要产品的情况。比如我有次在景区看到波希米亚风格的裙子，但我当时不知道"波西米亚"这个词，想了好多办法，搜"彩色的、民族风、条纹、长裙、花边、菱格、流苏、度假"这些词，翻了几十页才学到，原来这个风格叫"波西米亚"，真的太费劲了。

用户选择兴趣电商平台，一般是来玩的，不一定有明确购物需求，大多数情况下是自己都没想到会买东西，只是为了消磨时间而刷短视频、看直播，结果看到一个好玩的视频就顺手下单了。刷了一个小时，一看后台，下了十几个订单。平台不是他们购物的工具，而是娱乐的工具，购物则是伴随着娱乐而衍生出来的。用户也不需要用尽自己毕生的语文知识去准确地描述自己想要的产品，在短视频或者直播里面看上了、喜欢了就直接买，所见即所得。

2. 产品性质是否依赖于强势品类

用户到搜索电商平台上购物，除了有明确的购物需求以外，还有另一个前提，那就是用户首先要知道市场上是有这个产品存在的，才会去搜索具体的产品或者品类的名称（花钱在平台上做广告获取曝光的产品除外）。比如我想买一箱矿泉水，那么我会去淘宝搜索"矿泉水"，或者直接搜"农夫山泉"这些我能够在第一时间想到的品牌。它在我的认知里面是存在的，并且我也很清楚地知道我需要它，我才会完成这个购买行为。

《科学创业》这本书多次提到强势品类和弱势品类这两个概念，总结来说就是：强势品类就是被消费者强烈需要，能够进入顾客的购物清单的品类；弱势品类就是进入不了顾客的购物清单的品类，或者即使进了购物清单，顾客也很难对这个品牌产生记忆。

同时符合"有明确需求"和"我知道它存在"这两个条件的产品，绝大部分都属于强势品类。如果你的产品属于弱势品类，用户可能都不知道这个世界上原来还有这种东西的存在，很难自发地认为自己需要这个产品。比如，很多女孩子喜欢戴隐形眼镜，但是如果日常清洗不到位，很容易滋生细菌危害眼睛。商家为了解决这个痛点，专门推出了一款产品：隐形眼镜电动清洗器。这简直就是懒人神器，只需要将取下的隐形眼镜放进去，轻轻按下按钮，它就能自动帮你清洗干净。这个产品听起来不错，能够解决一类客户的痛点。但是这个产品如果不做广告占领好的曝光位，就很难有用户自发地去搜索"隐形眼镜电动清洗器"这个关键词，很难获得平台的搜索流量。这就是弱势品类很难在搜索电商的平台上获得大量免费自然搜索流量的原因。再加上搜索电商平台的广告费一般都不低，弱势品类产品想要单纯靠这一个平台存活会很艰难。

如果用户到兴趣电商平台购物，你卖的产品无论是否属于强势品类这一因素对流量的影响都不会很强烈。用户打开社交平台的时候本来就没有明确的购物需求和目的，反而是刚好刷到一个有意思的东西激起了购买欲，就直接买了。从这个角度我们再来看上述隐形眼镜清洗器的例子，如果商家选择的是类似抖音这样的兴趣电商平台，同时好好地下功夫将产品的介绍视频、使用场景、解决用户痛点的文案和画面做好，当有用户刷到这条视频时，如果能够成功地击中他的痛点，用户反而会因为它是弱势品类，自己从来没听说过这个产品而感叹："咦，还有这种神器！赶紧买回来试试！"

所以搜索电商产品依赖强势品类，兴趣电商的产品不依赖强势品类。

3. 用户购买的决策路径

看完以上两个差别，我相信聪明的你一定知道了搜索电商和兴趣电商在购买决策路径上的差异。我将两种成交流程图绘制了出来：

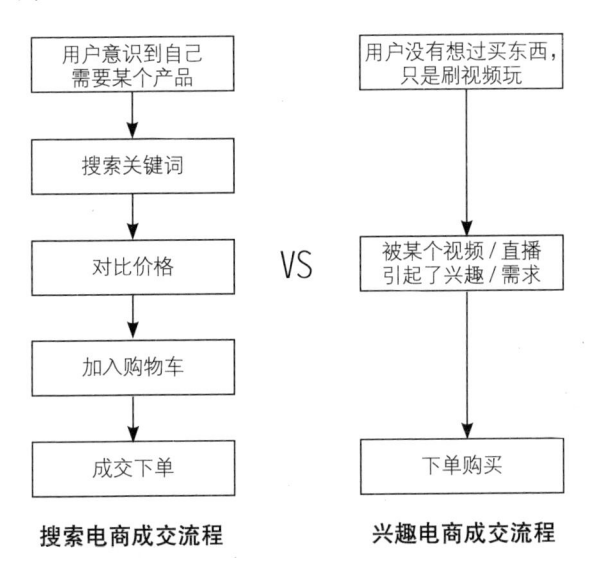

```
搜索电商成交流程：
用户意识到自己需要某个产品 → 搜索关键词 → 对比价格 → 加入购物车 → 成交下单

VS

兴趣电商成交流程：
用户没有想过买东西，只是刷视频玩 → 被某个视频/直播引起了兴趣/需求 → 下单购买
```

图 1-2 搜索电商和兴趣电商成交流程图

这里值得我们注意的是，搜索电商的决策流程中，每一个环节都会损失一定比例的客户。并且用户到购物车结算之前，通常会先比价格再购买，导致商家很难逃脱价格战的窘境。而

兴趣电商的决策流程中一般不会有比价的环节，一旦引起了客户的兴趣，客户看了价格觉得值得就会直接下单。作为商家，可以摆脱在用户决策过程中冒出很多竞争对手来低价竞争抢客户的烦恼。

4. 目标市场的竞争关系

最后一个差别是关于目标客户的市场争夺。我们用过也听说过很多搜索电商平台，如淘宝、京东、拼多多等。它们竞争的是在用户需求前提下的存量市场。就算再多一百家搜索电商平台，全国人民每个月购买的抽纸、洗衣液的需求总值都不会有什么增长，所有商家和平台都在瓜分同一块"蛋糕"。

而兴趣电商平台有两条路可走：第一是跟搜索电商抢存量市场，用短视频和直播带货的形式展示产品性能和性价比，配合类似"买一送十"的话术，让用户一口气囤半年的量不费劲，早早地透支了一部分客户在搜索电商的购买需求；第二是可以开发增量市场，各种好玩的、有趣的、漂亮的新产品，比如服饰类，有很大的增量空间，商家们可以各显神通，创造属于自己的产品内容主场，兴趣电商平台给了我们很大的发挥空间，只要客户肯买单，广阔的增量市场想怎么玩都可以。

清楚了这四个重要差别，决定在什么平台做什么产品的时候，就能看清每一个选择给自己带来的利弊，也能够更好地运用TikTok这样的兴趣电商平台实现变现。

三、国内兴趣电商的发展

国内抖音、快手等平台的兴趣电商发展历程是这样的：在最开始用户还没有完全习惯和接受直播购物的时候，是由小金额低客单价的产品来降低用户的入场门槛的。比如9.9元买5包零食还包邮，用户会觉得反正才9.9元，就算不好吃也损失不大。于是在诱人的视频和直播的驱使下，做出了自己在兴趣电商平台的购物尝试。而这些带货平台为了加速形成用户习惯，消除用户心中对短视频和直播带货的不信任，也做了非常多的努力，例如：

（1）严选供应链解决质量和价格问题；

（2）引入大量明星或者大IP主播主攻直播带货；

（3）引入驰名商标品牌方入驻平台直播电商；

（4）向直播板块倾斜更多平台流量和展示资源；

（5）疯狂的价格补贴和专业的直播带货培训。

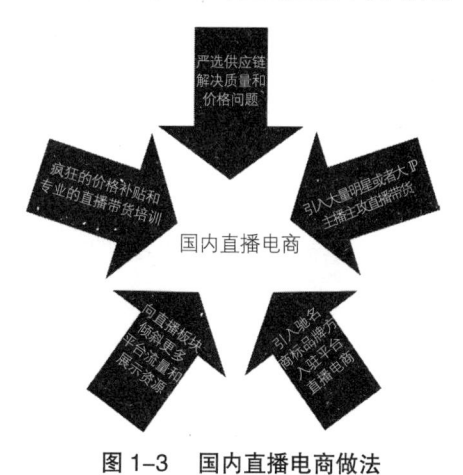

图1-3 国内直播电商做法

在平台"疯狂的用户教育"下,用户完成了"没想过要买——不敢买——买便宜的——买稍微贵一点的——全品类都愿意购买——蹲守直播间购买——养成了在直播间的购买习惯"的过程。经过了几年的发酵,国内的很多消费者已经习惯兴趣电商,且成为深度用户。到现在几乎人人都在抖音上买东西,连我父亲都自豪地对我说:"笛子,你看我在抖音上抢了一个小电饭煲!"

四、TikTok 全球兴趣电商的现在与未来

1. 当下 TikTok 兴趣电商的体量与现状

截至 2022 年 2 月 17 日,#TikTok Made Me Buy It(话题:TikTok 使我购买)标签累计阅读量超过 88 亿,意味着 TikTok 用短视频或者直播的方式引起用户从无到有的购买兴趣,再到下单购买,已经取得了不小的成绩。虽然目前它还没有明显地撼动以亚马逊、谷歌为首的搜索电商的地位,但是它对海外搜索电商也造成了不小的影响。

目前,TikTok 已开放英国、东南亚等几个区域对电商和带货的小范围测试,2022 年上半年的商品交易总额已超 10 亿美元,与 2021 年全年的体量相当。其中,印尼市场的月均商品交易总额达 2 亿美元,英国市场月均商品交易总额达 2400 万美元。据了解,TikTok 电商团队在 2022 年还定下了 5 年内实现 4700

亿美元（近人民币3万亿元）商品交易总额的目标，并计划在2023年年底完成10余个重点国家的拓展。（注：数据来自公众号"晚点LatePost"于2022年8月10日发布的文章。）

> **Tips**
> 如果你想跟着平台一起发展，就要了解这个平台接下来要把钱和资源投入哪个方向，然后顺着这个风向往前走。

2. 对TikTok电商发展的预测

根据我多年在国外创业、做跨境电商和近两年在TikTok探索出来的经验，结合我对短视频直播新媒体趋势、兴趣电商趋势的理解，再加上TikTok近5年的电商战略布局，下图中"☆"的区域就是我很看好，并且选择作为自己事业发展的赛道。

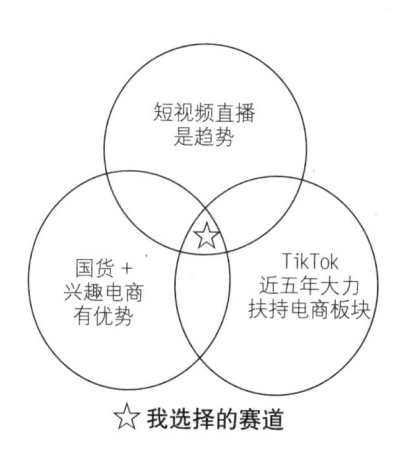

☆ 我选择的赛道

图1-4 选择赛道示意图

前面我也提到过，我认为在当下TikTok电商发展的早期阶段，一定是一个好的入场时机。我也相信TikTok想要完成自己定下的目标，也一定会像国内一样，为TikTok电商板块投入大量的资源，倾斜大量的流量，成为自己平台用户教育的主要推动者，为商家助力。但是，我也要再次强调：我们现在入局TikTok，一定要反复提升自己的产品力、内容力，锻炼自己成交的运营能力，多多熟悉平台规则，养成良好的网感，让自己为TikTok的全球电商增长做好充分的准备。

读完本节，你对TikTok全球电商的未来一定有了属于自己的判断。

第二章

TikTok五大核心力量

第一节
产品力：做好 TikTok 选品

请你带着这些问题来阅读本节：

1. 为什么说选品决定成败？
2. 该如何选择适合 TikTok 销售的产品？
3. 你选的品是什么？该给自己的产品力打几分？

TikTok 的五大核心力量指的是：产品力、内容力、获流力、运营力和品牌力。它可以帮助我们将一个商业模式用这五个维度进行拆分分析，有目标地逐个加强。我曾经在多个线下分享和演讲中讲到过创业者的五大核心力量，在"私域肖厂长"关于私域的课程和书籍中也学习到了私域的五力模型。我认为这是一个非常有价值的体系，将 TikTok 用这个模型进行拆解将十分受用。所以本章就带你深刻理解 TikTok 的五个核心力量。

> **Tips**
> 本章的内容不仅仅是带你从 TikTok 的 5 个维度学习和分析，你还可以将这些方法用于你的任何一个商业模式进行拆解评估与优化。

一、产品力是成败的重要因素

我在签某企业的孵化合作之前，了解到他们之前已经投入了 300 多万元在跨境电商的板块，但是几乎没有成交。CEO 很想放弃这个板块，但又不想认输。我为他们诊断之后发现，在选品的环节就决定了这个项目很难持续。

他们选的是方便食品。我为他们诊断的时候，在微信群里问了他们以下几个问题：

> 我看了你们的产品和账号，罗列了几个问题：

> 嗯嗯好的王总，您说。

> 1. 有没有类似于华人超市或者沃尔玛这样的大 B 端客户？

> 2. 如果没有大客户，是想卖给 B 端还是 C 端？

> 3. 如果想卖给 B 端，通过线上邮件开发的方式回复率极低，并且成单的可能性极低，这个怎么解决？

> 4.如果想卖给C端，是选择单件单个快递发给客户，还是集中到海外仓？

> 5.如果单件单发，时效快的太贵，快递成本比产品高，食品需要特殊资质；如果选择海外仓，更麻烦，而且也有海外仓成本，如果卖得不好更难以处理，食品还有保质期；如何处理？

> 6.广告素材很难做，拍视频外国人觉得这个很香很好吃，很难实现。因为他们日常不怎么吃这样的东西，对这个没有概念；如何解决？

> 7.如果想用TikTok这样新兴的流量大的新媒体平台来宣传自己的产品，但是这种产品的短视频很难做出吸引人的作品；如果投入大量成本在内容产出上，会发现利润率不足以支撑这些成本，又该怎么办？

> 这些问题你们想过没有，谁来给我说一下？

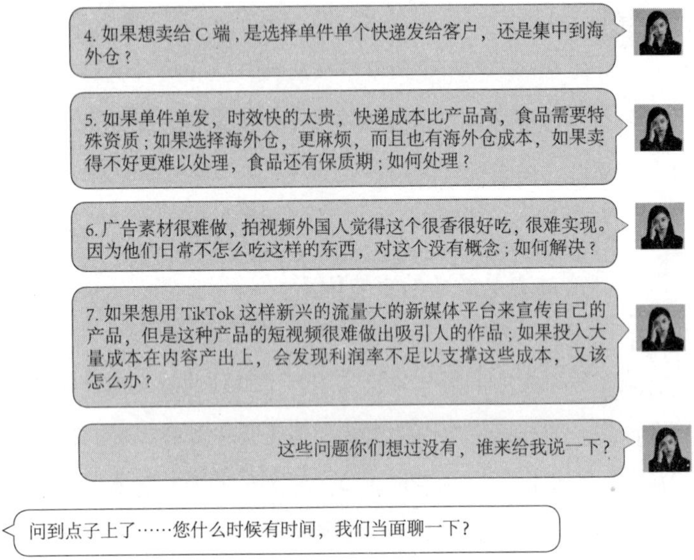

< 问到点子上了……您什么时候有时间，我们当面聊一下？

图 2-1 诊断记录

后来 CEO 跟我说，他们团队的小伙伴听到这些问题之后都沉默了。只是几个最浅层次的问题，就困住了一个投入 300 多万元的项目的 9 人团队，这就是非常典型的因为选品不合适导致项目遇到一个个难以解决的问题的案例。不是说不能选择方便食品这个品类来做跨境，而是要匹配自己的能力和资源。如果他们有沃尔玛这样的大客户，也许就不需要纠结了。如果没有，这些问题就会让他们捉襟见肘。

TikTok 的选品非常重要，如果这一步走得不好，后面所有的营销战略、内容策略以及直播调整都会因为选品问题受到限制。我在给企业做跨境项目诊断和孵化的时候，发现 80% 以上的公司和团队在自主选品的时候都有很大的问题，都会踩相同的坑。【第1坑】投入了几百万资金开始做项目之后才发现：制作宣传素材好难啊！邮费好贵啊！投放出去没有流量啊！有流量成交不了啊！这些问题遇到了才去解决……解决了一个问题，发现还有一个更难的问题等着自己。

所以一定要记住，做跨境和TikTok，产品力一定是一个重要基础，并且是决定项目成败的重要因素。产品力究竟会给项目带来哪些影响？我们一个一个来看。

1. 影响成本和利润率

选品对于我们的成本和利润率的影响是非常直接的，主要体现在：第一，中外差价大不大，外国人是否会觉得这个产品值得花钱购买；第二，长宽高和重量决定了邮费的多少，产品客单价能否支撑；第三，产品里面如果有液体、粉末、电池等物品，需要投入额外成本走特殊渠道。

2. 影响流量大小

我曾做过产品流量的测试，不同产品在TikTok直播间的流量差距是非常大的。能够1秒钟吸引到外国人的注意力，引起他们的兴趣，并且产生购买欲望的产品，在直播间流量就会非常高。相反，如果观众无法在短时间明白你在展示什么，画面也没有新颖性，流量就会很差（在后面我会详细讲解如何提升直播间流量的方法）。

3. 影响转化率

转化率就是成交率，即客户会不会为这个产品买单。我在前面讲兴趣电商的时候提到过，我们希望用户因为短视频或者直播引起兴趣并且产生购买行为，那么产品能否引起兴趣，能否在短时间内让用户做出购买决定就非常关键了。比如假睫毛，短视频或者直播的画面是有一位女性左边眼睛戴了假睫毛，右边没有戴的效果对比，客户可以瞬间明白购买这个产品能给自己带来什么效果。另外，产品的定价也很重要，因为在TikTok兴趣电商初期，想要客户马上做出购买决定，就要慎重考虑定价，太贵的产品转化率相对更低。可以设置客单价较低的产品作为客户认识我们品牌、接触我们品牌的一个入口（比如国际大牌既卖几万元的包，也卖两三百元的口红）。后续再在私域中转化高客单的产品。这个策略也需要在最开始做选品时一并考虑进去。

4. 影响复购率

我们都知道，让1个老客户买10次，比让10个新客户各买1次的成本低很多，并且对于品牌的塑造也更有优势。想要客户认可我们，除了需要考虑产品的定价和利润率以外，更重要的是在用户的思维和视角里是否觉得这次的消费很值，甚至超预期。当然，这也取决于产品的属性是否具有高复购性。比如烧水壶，就算质量再好，客户在两年之内都很难复购。所以选品的时候这两个角度都会影响到客户的复购率。

5. 影响转介绍

质量好口碑好的产品会获得客户发自内心的转介绍，但我想强调的是，我们的选品是可以影响到客户"被动"的转介绍的。比如，精美的珠宝、镶满钻石的穿戴甲、别出心裁的手机壳、帅气的墨镜等，这些产品自带展示性，客户在使用这些产品时就是我们天然的模特，帮助我们二次传播和"种草"。我在美国生活的时候，经常会遇到美国女孩从对面那条街冲着我挥手，兴冲冲地跑过来问我："你的鞋子哪里买的？包包哪里买的？指甲哪里做的？"……可见好的选品本身就具有展示性和转介绍的本领。

以上这几个因素，深度影响我们整个商业链路和最终的销售成交。其实不是 TikTok 不好做，而是很多人在第一步选品就走歪了。所以，接下来我就要将自己对于 TikTok 选品的独家秘诀分享给你。

二、独家 TikTok 电商选品五大秘诀

在吃了很多次选品环节的亏之后，我看了很多资料，用工具查找了很多数据，也研究了国内抖音最受欢迎的直播间是如何选品的。结合自己亲身经历的选品问题，我亲自给团队制定了在 TikTok 上卖货选品的五个秘诀。

1. 产品的材质、体积和重量

第一，尽量避免我前面提到的一些"敏感"物品：食品、液体、粉末、电池、化学品以及其他限制出口或者需要特殊资质的产品。很多物流渠道都不运输这些产品，或者手续复杂、运费贵。有的国际物流可以运输，但是容易发生清关时间长等状况。选择这些产品会给自己引来很多麻烦，也会给项目带来很多问题。

第二，不要太重，且长宽高任何一项数据不要过大。这个标准是相对的，要看产品的定价和利润率。国际邮费的标准是体积和重量一同评估，也就是说长宽高三个尺寸中，有任何一个超出了范围，邮费都会上浮很多。国际邮费是我们计算成本要考虑的关键，在选品时一定要考量进去。我在一个项目中吃过物流成本的亏：我们那个项目卖的产品是油画，虽然很薄，但是长宽的数据都不小。尤其是到了年底旺季，有时候会遇到物流公司涨价的问题。本来以为利润很高，结果算上邮费又没有优势了，白高兴一场。但是珠宝水晶类的产品不一样，它们价值大、体积小、物流成本低。我测算过戒指的物流成本，给客户单件单发，每一件物流成本为人民币30~60元，时效为7~14日。而我们销售每一个戒指的客单价在100~200美元，这个物流成本是能够接受的。

第三，关注广义的产品。这里不仅指实物产品，还可以是服务。如果是服务类的，如老照片修复、PPT制作、LOGO设计、教外国人学习中文等课程等，是互联网在线交付的，几乎不涉及物流问题。但是选择这类产品，同时也会面临其他困扰，比如虚拟产品的平均退货率更高，制作素材难度更大等。

2. 中外差价大，有足够的利润空间

在选择产品时，要做好这个产品在目标市场的售价对比，同时也要在同渠道对比。我在孵化一家重庆公司的 TikTok 跨境项目时，他们团队的小伙伴想做好多产品，但是不知道做哪个。我教他们去调研所有想做产品的数据，他们的完成结果如下（见图 2-2）。

有了这样的结果之后，不用我说，他们自己就把一些不可能的选项排除掉了。剩下的再根据其他选品原则继续做筛选和判断

Tips

> 利润空间不是想象出来的，是真实数据对比出来的。如果你对目标市场不够了解，那就利用好我给你的数据查找工具，辅助自己做好判断。

在这里我想再说一下利润空间的问题。我们需要不断地优化供应链，在合理定价的前提下给项目留出足够的利润空间。我在本书的最后一章会说到，如果你是想要发展海外市场的企业主，那么我希望你不仅仅做一个 TikTok 电商，而且让自己借助 TikTok 的流量和趋势，最终建立一个属于自己的国际品牌独立站，拥有自己的壁垒和品牌资产。而合理的利润空间除了能够保障项目顺利进行，还可以在战略上为项目做长远布局。

序号	关键词	商品名称	全球搜索量	全球搜索量	意图	结果	关键词竞争度	CPC	竞争程度	关键词	流量	流量成本(USD)	品牌流量	非品牌流量	销量第一名称	销量第一价格(USD)	销量第一价格(CNY)	图片	独立站最低商品价格(USD)	独立站最低商品价格(USD)	独立站最低商品价格(CNY)	供应商价格(CNY)
1	Moissanite	莫桑钻	135000	267800	信息/交易	9.1M	83%	####	1	###	####	$39,200	19.8K	50.5K	14K 白金 3.69 CTW DEW 圆形 Forever One Moissanite 分叉系光环新娘	$2,299.00	######		$19.00	¥127.30	
2	diamond painting	钻石画	90500	675600	信息/交易	102.0M	83%	####	1	153	####	$16,500	6K	26.6K	Beaudio 风景系列成人钻石画套件 - 全色波浪 - DIY 圆形全钻 5D 钻石艺术家里	$12.89	¥86.36		$8.98	¥60.17	¥11.50
3	press on nails	美甲片	90500	122700	商务	187.0M	67%	####	1	####	####	$30,100	4.3K	19.3K	棒雪亚|按钉子|全整斯安指甲	$9.99	¥66.93		$9.99	¥66.93	¥2.80
4	dog collar	狗狗项圈	33100	102700	商务	397.0M	77%	####	1	754	####	$32,600	1900	33.6K	Frisco Small Breed 柔软舒心步入式背夹背带青	$11.99	¥80.33		$3.00	¥20.10	
5	dog clothes	狗狗衣服	27100	65800	信息/交易	462.0M	78%	####	1	638	####	$10,200	797	13.6K	雷霆战衫	$34.99	¥234.43		$4.46	¥29.88	
6	tufting gun	簇绒枪	18100	26500	交易	87	31%	####	0.84	39	8100	$4,100	8	8.1K	新绒地毯绒枪 电动地毯编织簇绒机手持针织簇绒枪枪入门套件 100V~240V 7 -	$154.00	¥1,031.80		$0.00	¥13.40	¥550.00
7	acrylic keychain	亚克力钥匙扣	2900	8600	信息/交易	17.9M	51%	####	1	22	1500	$2,400	0	1.5K	定制印花钥匙标制定制 - 亚克力明信钉 - 定制事物销 - 钉岛亚克力 - 定制标准商品	$6.26	¥41.94		$2.00	¥13.40	0.16¥ - 0.28¥
8	pet toy	宠物玩具	2900	15900	商务	1.4B	81%	####	1	####	####	$44,700	9200	28.1K	Multipet 羊排玻璃吱叫的毛绒狗玩具	$7.59	¥50.85		$1.95	¥13.07	
9	manga lashes	漫画睫毛	1900	2500	信息	26.3M	24%	####	1	34	1200	$703	0	1.2k	Arimika 透明蝶恋蛇 3D 水貂假睫毛 - 图形纤细自然猫毛，具有中外戏剧性外观	$7.99	¥53.53				¥6.50
10	hairpieces	假发片	1900	13800	信息/交易	22.5M	49%	####	1	105	4900	$3,000	391	4.5K	26 种亮彩色夹式高光长发发接发中 20 英寸合成直发 成款发在荧光 (13 色)	$6.99 - $12.9	¥47.1 - 87.7		$6.99	¥46.83	¥4.20
11	eyeglasses chain	眼镜链	1300	3900	商务	7.1M	37%	####	1	108	6000	$2,200	196	5.8K	ONESING 4 件波女士眼镜链眼镜链条眼镜眼镜链项链挂绳礼物	$6.79	¥45.49		$6.79	¥45.49	¥3.50
12	tufting kit	簇绒工具包	590	980	信息/交易	79	23%	####	1	30	795	$357	0	795	包含 1 款所有您包需要的纺织品项目上勾布	$62.10	¥416.07		$10.00	¥67.00	郁郁绒毛线 3.5元+毯刷枪，底布7元
13	custom oil paintin	diy定制油画	480	1400	信息/交易	53.7M	50%	####	1	22	285	$778	0	285	从照片定制帆布油画，个性化手绘布画油画，当面委托，结婚礼物	$102.00	¥683.40		$19.00	¥127.30	

图 2-2 产品调研数据

3. 展示性强，理解门槛低，所见即所得

用 TikTok 获得流量和变现，最主要的就是通过短视频和直播这两种方式获得更多曝光量。我们的选品需要符合平台目前的特性，那就是产品最好为所见即所得的东西，让用户一秒钟就能明白这是什么，到底好不好，值不值得购买。

在这一点上我踩过一个大坑：我有一个独立站是卖定制文身贴的，在 TikTok 上直播时流量很差，好不容易来了人，他也没有耐心听你说定制步骤，而是看哪个好看就要买哪个。后来我总结发现：产品理解有难度、链路长的产品，目前还不太适合 TikTok 的直播。要尽量选取展示性强的产品放在直播间，让用户毫不费力就能知道我们在卖什么，并且用惊艳的画面留住他们。太烦琐的步骤和太长的链路，换来的结果只是感动自己，以及用户因为缺少耐心而离开。

4. 与目标市场需求的匹配度

最简单的方法是，直接在 TikTok 的搜索栏搜索标签 "#TikTok Made MeBuy It"（话题：TikTok 使我购买），能快速地看到当下最受欢迎、卖得最好的产品是什么，找到很多灵感。但是这个方法只能帮我们找到现在已经在 TikTok 上卖得不错的产品，所以竞争会更激烈。可以作为选品时的一个综合考量因素。

另外，在决定选品之前，一定要看一下这个产品在你的目标市场中需求如何、销量如何、搜索量如何。在这里我推荐一个很好用的工具——SEMRush，我的选品必备神器。下面我以莫桑钻为例，带你看看我是怎么借助这个工具来辅助选品的。

当我想查一个关键词的全球搜索量时，我可以在这个页面中看到很多结果：搜索量的多少，国家的排名与对应的总量，有哪些相关词，等等。

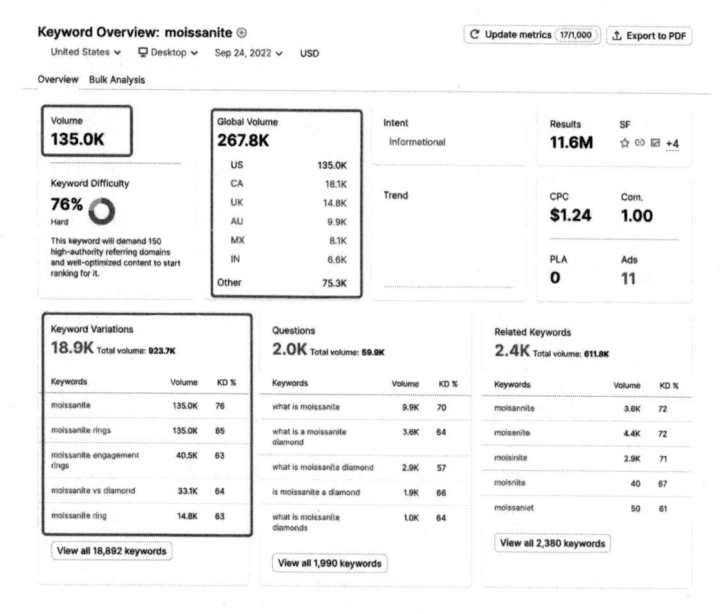

图2-3 查找结果示意图A

当我想看这个产品品类有哪些全球头部的品牌和独立站，以及它们的定价和策略时，可以通过这个界面找到。

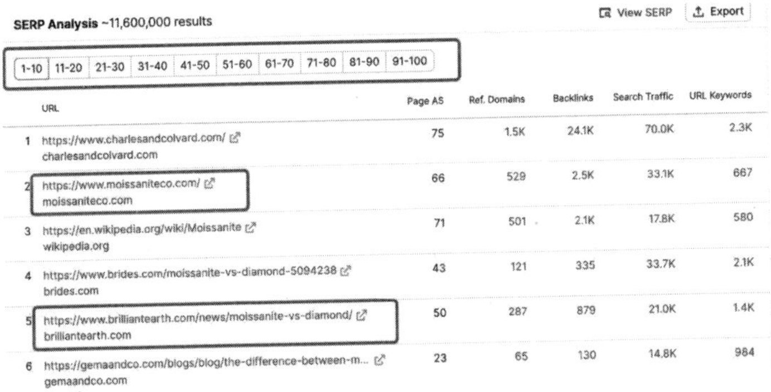
SERP Analysis ~11,600,000 results

View SERP　Export

1-10 | 11-20 | 21-30 | 31-40 | 41-50 | 51-60 | 61-70 | 71-80 | 81-90 | 91-100

	URL	Page AS	Ref. Domains	Backlinks	Search Traffic	URL Keywords
1	https://www.charlesandcolvard.com/ charlesandcolvard.com	75	1.5K	24.1K	70.0K	2.3K
2	https://www.moissaniteco.com/ moissaniteco.com	66	529	2.5K	33.1K	667
3	https://en.wikipedia.org/wiki/Moissanite wikipedia.org	71	501	2.1K	17.8K	580
4	https://www.brides.com/moissanite-vs-diamond-5094238 brides.com	43	121	335	33.7K	2.1K
5	https://www.brilliantearth.com/news/moissanite-vs-diamond/ brilliantearth.com	50	287	879	21.0K	1.4K
6	https://gemaandco.com/blogs/blog/the-difference-between-m... gemaandco.com	23	65	130	14.8K	984

图 2-4　查找结果示意图 B

这个网站里面还有很多可以帮助我们从各个角度了解选品数据，并查找到各个级别值得学习的品牌，还可以帮助我们分析这些品牌的流量。当你想确定一个选品之前，先到这个网站里去查一番数据，多找一些对标品牌，看看它们的具体SKU（最小存货单位）、定价策略、营销策略、流量来源等，一定比你拍脑袋决定选品要好得多。

5. 产品的价值

如果说前面四个选品秘诀是帮助一个初创团队更好地起步，那么这第五个方法就是给对品牌有要求的朋友一个非常重要的选品标准：产品的多层价值。

第一，使用价值。产品质量好，能够满足用户使用它的目的，并且获得好的反馈与口碑。这件事很重要，也很基础。但它在这个时代不应该是唯一的追求。

第二，情绪价值。在TikTok上有很多解压类产品卖得很好，因为大家都需要解压。还有我刚才提到过的莫桑钻，这种很像钻石的仿真钻，能同时满足用户的爱美之心和虚荣心。

第三，资产价值。这就对产品的要求更高，也对品牌的要求更高了。像我们都很熟悉的劳力士和爱马仕这两个品牌，它们的产品既有使用价值（表可以看时间，包可以背），也有情绪价值（资产、身份、地位的象征），更加具有资产价值（转卖不仅不贬值，还能增值，甚至比很多理财产品增值幅度更高）。当一个品牌同时拥有这三种价值的时候，它的产品力就会非常强大。但是在TikTok平台上售卖产品，用户需要因为兴趣而及时做出购买决定，所以金额太高的产品转化率相对较低。如果你想做符合这三种价值的产品，可以挑选价格门槛相对较低的产品作为入门款，让客户沉淀私域，才能有机会让他再一次接触到更高阶的产品。

以上就是我自己选品和为其他公司孵化TikTok跨境时用到的选品秘诀。如果你已经在做TikTok了，可以将自己的选品参照这些方面进行评估和调整；如果你正准备开启TikTok之路，那么可以参照我说的方法来辅助你选品。

三、产品力的评定标准

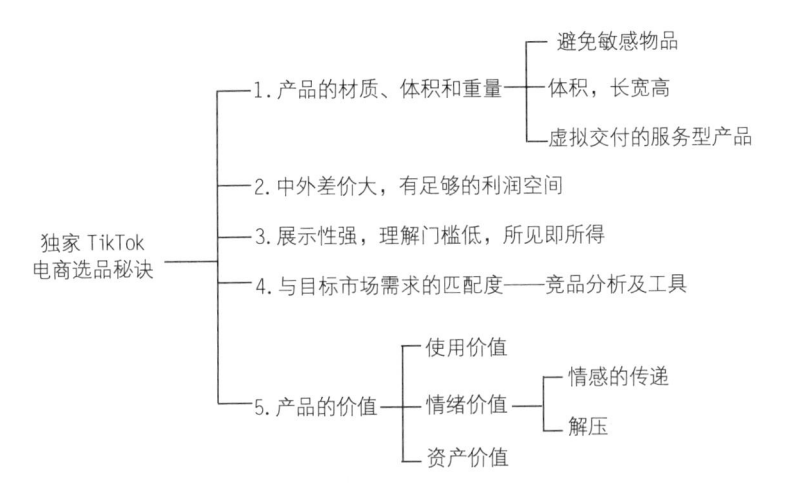

```
                        ┌─ 避免敏感物品
            ┌─ 1.产品的材质、体积和重量 ─┼─ 体积,长宽高
            │                        └─ 虚拟交付的服务型产品
            │
            ├─ 2.中外差价大,有足够的利润空间
独家TikTok   │
电商选品秘诀 ─┼─ 3.展示性强,理解门槛低,所见即所得
            │
            ├─ 4.与目标市场需求的匹配度——竞品分析及工具
            │
            │           ┌─ 使用价值
            │           │              ┌─ 情感的传递
            └─ 5.产品的价值 ─┼─ 情绪价值 ─┤
                        │              └─ 解压
                        └─ 资产价值
```

图 2-5　TikTok 电商选品秘诀

我们先根据上图来复习一下 TikTok 选品的五个重要秘诀。根据这五个秘诀,我列出了 TikTok 产品力的评定标准,你可以参照这个标准来评定在 TikTok 的产品力。

1 分产品力:不知道如何做 TikTok 选品,上述选品的五个原则都不符;

2 分产品力:知道该如何做 TikTok 选品,并且自己的选品至少符合 2 项选品原则;

3 分产品力:符合 3 项及以上选品原则,并且清楚此产品在目标市场的基本情况;

4分产品力：符合4项及以上选品原则，能很好地融入目标市场，并且凭借强大的产品力获得TikTok高流量曝光和成交转化；

5分产品力：符合以上所有选品原则，成为TikTok或者跨境电商在本行业的领导品牌，具有独特的产品风格与差异化，并且有自传播和裂变属性。

请记录你的评分，我会在本章的最后带你一起分析综合得分。

第二节
内容力：夯实 TikTok 最核心的力量

请你带着这些问题来阅读本节：

1. 内容力为什么如此重要？
2. 你打算用多少时间和精力来建立和完善自己的内容库？
3. 你是否已经建立起了"强内容库 + 五倍分发"的闭环？你给自己（或团队）的内容力打几分？

内容力是 TikTok 最核心的力量，也是获取流量最重要的杠杆。在其他四个力量都相同的前提下只提升内容力，所对应的效果一定是指数级增长。

一、为什么内容力是最核心的力量

用户喜欢在 TikTok 上停留是因为他们能够源源不断地刷到自己喜欢的内容，所以 TikTok 就需要大量的创作者持续产出内容精美的作品，以此增强用户对平台的黏性。想要在TikTok平台上获得流量并且成交，一定要产出平台最想要的东西——优质内容。我们源源不断在平台上上传优质内容，平台就会源源不断地给我们分发流量，形成双赢的局面。虽然这个平台也可以使用付费流量，但一定是在内容力很强的前提下，配合使用付费流量作为辅助，才能打出漂亮的组合拳。

我刚开始做独立站项目的时候，花了大量的精力做选品，招兵买马，配置很强的运营力量，把所有环节都尽全力做到完美。但是"万事俱备"之后，发现还是没有订单。各个平台上发的图片和视频的观看量都很少，就算花钱投付费流量，ROI（投入产出比）也只有1.2左右（意思是每投入100美元，只能销售120美元，这个比例肯定是亏本的）。在陷入这种局面的时候，我认真地看了我们竞争对手的所有社交媒体，仔细地研究了他们发布的每一条视频、配的每一张图片和每一句文案。再对比我们的，发现不管是数量上还是质量上，都有很大差别。我在感慨"怪不得人家做得好"的同时，决定深度剖析多个竞争对手的内容特点和布局，并且一定要建立一套真正属于自己的强大内容力。

我把他们的内容类型进行总结拆分，在此基础上将我们自己的内容类型进行增删添补。同时我参考了"私域肖厂长"对于"私域内容九库"的分类法，做成了"TikTok跨境十大内容库"，并且研究出了针对这套商业模式的"五倍分发"法则。用这套方法，加上日积月累对内容力的打磨与提升，我很快就找到了破局点。

此后，我们在 TikTok 和其他社交媒体上的免费流量骤增，收获大批粉丝和订单成交；付费投流广告的 ROI 也增至 2.7 左右。

所以，在产品力、运营力等其他条件相同的基础上，如果我们死磕内容力，会给流量和成交量带来杠杆性极强的效果——指数级增长。这是值得我们疯狂打磨、沉淀和提升的核心能力。

二、如何强大自己的内容力："十大内容库＋五倍分发"组合拳

1. 增强对内容好坏的判断力

在掌握强大的内容"输出"能力之前，先要将自己的"输入"系统给训练好。就是要学会判断在你的目标用户眼里，什么是好的内容，什么是不好的内容。

我经常听到有学员跟我开玩笑："我真是搞不懂 TikTok 里面那些老外的审美，这么无厘头的视频居然百万赞！这有什么好的！我随便拍一个都比这个好！无语。"我不知道你会不会有相同的想法，但我每次听到这样的话都会为他担心：这孩子的网感可能还需要培养好长一段时间吧。如果你真的可以随手拍一条视频就达到几百万次的播放量，那你一定有你的独家本事。但是在此之前，我们一定要怀着敬畏之心，认真研究和拆解为什么一条视频能获得这么高的点赞和播放，它究竟是凭什么打动了这几百万人。我能不能把这些因素运用在我的作品里面帮助我获得流量和变现?

想要增强自己对内容好坏的判断力,首先需要培养对目标市场的网感。多看多听多刷 TikTok,让自己每天都沉浸在这个平台上,熟悉平台的所有"细胞",了解平台最火的网红,会唱平台所有的热门歌曲,能操作平台所有的功能,等等。等你把自己"泡在里面,腌入味儿",你的网感就起来了。那个时候你也能如数家珍地说出这个平台(你的目标用户)喜欢什么、讨厌什么,为什么会这样,有哪些流量密码了。

想要更好更专业地增强自己对内容好坏的判断力,除了培养网感以外,还需要有意识地对好作品和好账号进行拆分。这里面分为两个部分:一部分是对全平台热门的账号及作品(泛类别)进行拆分,另一部分是对你想要对标的账号和作品(细分垂类)进行拆分。图 2-6 是值得留意和拆分的七个点:

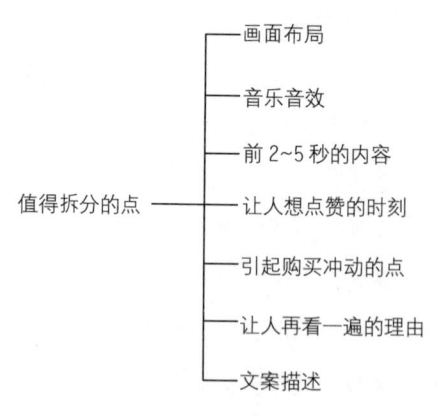

值得拆分的点
- 画面布局
- 音乐音效
- 前 2~5 秒的内容
- 让人想点赞的时刻
- 引起购买冲动的点
- 让人再看一遍的理由
- 文案描述

图 2-6 值得拆分的七个点

我强烈建议这两个部分都要做，因为对标账号是你要做的垂类，拆分和学习是必需的；同时结合全网的热门视频，提炼这些作品中值得学习和借鉴的点。如果你可以将这些要素都刻在骨子里，并且游刃有余地运用起来，你的内容力将会非常强大。

2. 建立起自己的 TikTok "十大内容库"

我遇到过太多学员和公司向我求助："我们真的不知道发什么东西才能吸引用户，感觉没什么可发的。自己创作没思路，不成体系，效果也不好。折腾了很久都没有好的内容沉淀下来。"其实我曾经也面对过这样的窘境，但就像我前面说到的，我通过研究多个竞争对手的内容，加上自己的积累，为我公司的每一个项目都建立和匹配了强大的内容库，并不断完善内容库。在这里，我就把我自己内容库里的"家底儿"都分享给你。

- 第一库：产品内容库
- 第二库：视频内容库
- 第三库：音乐音效库
- 第四库：买家秀库
- 第五库：达人推荐库
- 第六库：文案话术库
- 第七库：活动营销库
- 第八库：私域抓手库
- 第九库：私域聊单库
- 第十库：内部SOP库

图 2-7 十大内容库

第一库：产品内容库。包含了产品的图片、不同场景的照片、视频素材、产品的文字介绍和痛点介绍、整理出来最常见的问答，等等。这些内容可以用于上架商品，制作展示图片和视频、运营社交媒体平台、服务客户促成交等。

第二库：视频内容库。根据选品制作出来几个不同类型的视频，再分别测试流量和转化率。比如：纯产品展示类、用户反馈类、产品效果 before/after（使用前、使用后对比）类、使用场景类、痛点解决类、画面炫酷类，等等。你可以将一个产品按照这几类方式，分别拍摄和制作一些视频测试流量效果，然后再确定你的产品该使用哪种短视频形式作为基本方向。

第三库：音乐音效库。好的音乐和音效会给视频流量加分不少，这一点我在前面也提到过。建立我们自己的音乐和音效库，还能为我们节约很多时间，避免踩坑。TikTok 上面对于音乐版权的限制是比较严格的，如果你使用了未授权的音乐，该条视频会被做侵权处理，导致无法获取正常浏览量。不仅是单条视频，如果账号多次侵权，还会面临被平台处罚的风险。还有些音乐，即使没有版权问题，也会被平台限制投放流量。这一点会限制我们后期使用付费流量进行助推（第四章会详细讲解如何将免费流量和付费流量更好地结合使用）。

第四库：买家秀库。这个库非常重要，因为买家秀具有真实、有说服力的特点，很多用户在做出购买决策之前，都喜欢看真实的买家秀。买家秀可以细分为照片、视频、文字反馈。我们要做好精细化分类，这样在需要时才能精准地找到。在国内，有些微商将买家秀运用得非常好，我们经常在刷朋友圈的时候不自觉地被微商发出来的买家秀吸引，或多或少有想购买的冲动。将这一点做到极致并且运用起来，效果要比单纯自卖自夸更好。

第五库：达人推荐库。达人的反馈也是买家秀的一种，但不同的是他们有更强大的粉丝群体和影响力，并且有些专业领域达人（比如专业的美妆测评博主）对于产品的反馈在用户心中是有权威感的，能分分钟帮你建立信任。不管是达人自发地对产品进行测评和反馈，还是我们主动找达人测评和推荐，我们都要将他们发布的内容保存下来，并且好好使用。这些材料非常值得收集和整理，并且要不断地向用户和粉丝展示。

第六库：文案话术库。短视频发布时需要搭配好的文案，让短视频流量更好，标签更精准；在视频中也需要一些好的文案来吸引用户的注意力。可以集中收集整理这些文案，分析热门的对标账号，将好文案与自己的产品相结合，集中打磨输出，并且每过一段时间更新一次。另外，直播话术也需要一次次地打磨、修改、测试，将每一个版本和对应的测试数据都记录在这个内容库里，方便优化直播策略。

第七库：活动营销库。我一般会在年初就做好全年的活动营销日历，并且将这些活动相应的文案、图片、视频等素材让团队提前准备好。这样做既能让活动有条理和节奏，又可以提升效率，让团队的执行难度更低，效果更好。

第八库：私域抓手库。费尽心思精心制作的内容，好不容易获得的珍贵流量，除了引导客户直接成交以外，还需要将客户引导到我们的私域流量池里面，做二次营销。国外常见的私域流量承接平台有EDM（邮件营销）、WhatsAPP、Discord、Telegram、照片墙、脸书、Messenger等，无论选择哪个平台做私域，都需要一些好的"抓手"将用户们引导进来。比如订阅之后能获得"买一送一"的折扣，能将保修期延长一年，能够获得VIP权益等。准备多个引流抓手，就能匹配不同的场景和活动结合使用。

第九库：私域聊单库。已经沉淀到私域流量的客户，我们需要用话术和活动去促成交或者复购。比如节日折扣、新品预告、公益活动、产品用法指导、新的网红代言人推荐、客户满意度反馈、邀请对方成为我们的产品体验官、推荐和分享可以获得礼物等。根据产品特性，提前总结出多种聊单的话术和SOP（标准作业程序），可供售前客服根据成交场景来挑选使用，这样能大大地提升私域成交率，也能保证售前客服不会因为英语水平不足而影响私聊效果。

第十库：内部SOP（标准作业程序）库。流程是将"说"转化为"做"的唯一出路。我喜欢将已经探索出来的路总结提炼成SOP（标准作业程序），并且将它们日积月累成为整个公司的SOP智库。我也会让每一位员工这样做，因为我们经常会面临相同的问题，如果不能及时互通信息，就会造成效率低下和资源浪费。万一有员工离职，也能更好地保存和交接公司的知识财产。

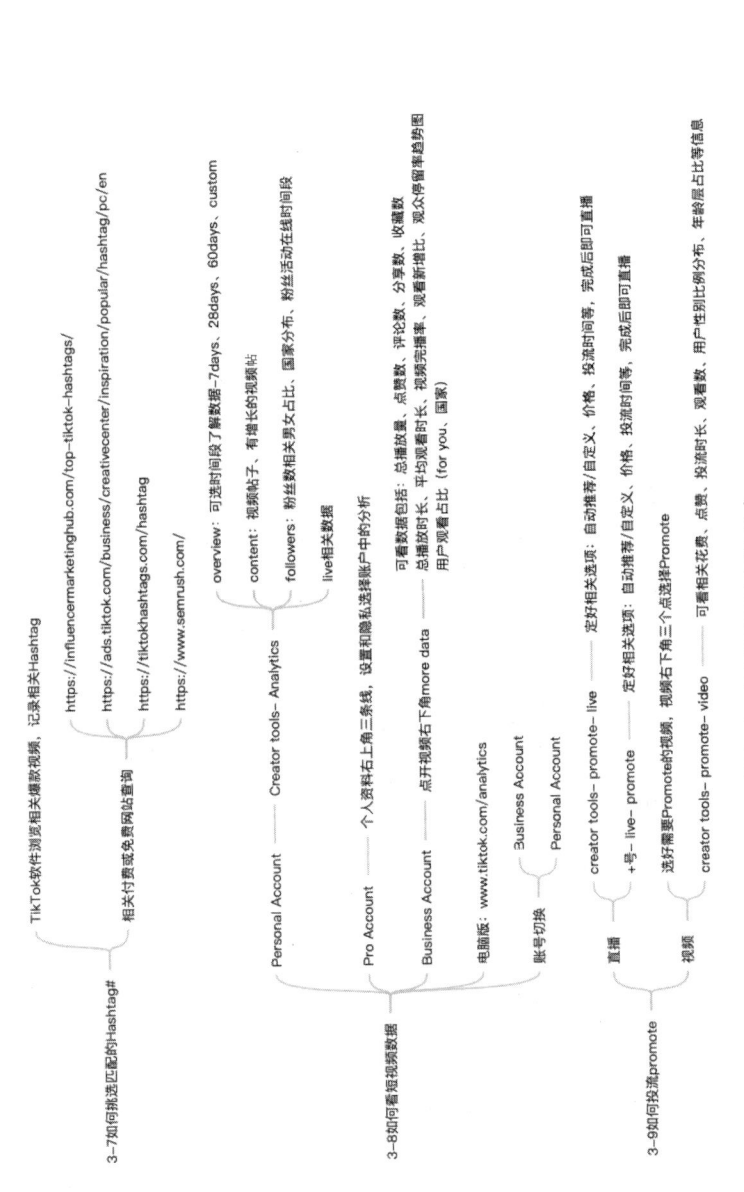

第二章　TikTok五大核心力量

图 2-8　SOP 智库（部分）

3-7如何挑选匹配的Hashtag#
- TikTok软件浏览相关爆款视频，记录相关Hashtag
- 相关付费或免费网站查询
  - https://influencermarketinghub.com/top-tiktok-hashtags/
  - https://ads.tiktok.com/business/creativecenter/inspiration/popular/hashtag/pc/en
  - https://tiktokhashtags.com/hashtag
  - https://www.semrush.com/

3-8如何看短视频数据
- Personal Account —— Creator tools- Analytics —— 个人资料右上角三条线，设置和隐私选择账户中的分析
- Pro Account —— 点开视频右下角more data
- Business Account —— 电脑版：www.tiktok.com/analytics
- Personal Account —— 账号切换
  - overview：可选时间段了解数据-7days、28days、60days、custom
  - content：视频帖子、有增长的视频帖
  - followers：粉丝数相关男女占比、国家分布、粉丝活动在线时间段
  - live相关数据
  - 可看数据包括：总播放量、点赞数、评论数、分享数、收藏数
  - 总播放时长、平均观看时长、视频完播率、观看新增比、观众停留率趋势图
  - 用户观看占比（for you、国家）

3-9如何投流promote
- 直播
  - creator tools- promote- live —— 定好相关选项：自动推荐/自定义、价格、投流时间等、完成后即可直播
  - +号- live- promote —— 定好相关选项：自动推荐/自定义、价格、投流时间等、完成后即可直播
- 视频
  - 选好需要Promote的视频，视频右下角Promote
  - creator tools- promote- video —— 可看相关花费、点赞、观看数、投流时长、用户性别比例分布、年龄层占比等信息

这张图,是我花了整整 3 个月,结合所有相关员工的经验,从提炼总结出来的几十个 TikTok 项目相关的 SOP 智库里面截出来的例子。

3. 内容库的五倍分发

我们花了很多时间和精力才建立好内容库,精挑细选的好内容,如果只发一次,并没有将它们的作用发挥到极致,确实是很可惜。在这里,我要将一个强杠杆方法分享给你:将内容库进行五倍分发。

拿我做过的一个产品举例:我们卖了一幅定制的狗狗肖像油画给一位母亲,她将这幅画作为礼物送给自己的女儿。当我们看到这个买家秀时,就将它保存下来,并且在以下几个渠道分发。

第一遍:短图文分发。短图文一般是在照片墙、脸书等平台上发布,直接将买家秀的评论截图发上去,给我们

图 2-9　定制狗狗肖像买家秀

的粉丝展示我们收到了多么好多么真实的评价，有图有真相。让粉丝感受到客户对我们发自内心的赞赏，在下单的时候就会少很多顾虑。

第二遍：私域聊单分发。对于还在犹豫没有下单的客户，我们的客服会将这个图片发过去帮助他们打消顾虑；对于已经购买的客户，提醒他们不仅可以给自己买，还可以将这个产品作为一份有温度的礼物送给你最亲爱的家人和朋友，他们一定会很幸福的。

第三遍：短视频分发。在制作短视频素材时，将多个买家秀组合起来，配上卡点的背景音乐和文案，让TikTok的粉丝能看到我们客户的真实反馈。

第四遍：直播带货分发。在直播间介绍产品时，会有客户问："你们的艺术家真的可以画得很像吗？"在面对客户这样的疑问时，主播直接拿出这张买家秀，细致地向直播间的粉丝展示：左边是真实的狗狗，小女孩手里抱着的是我们的艺术家手绘的作品。不管是形还是神，都非常像。这个小女孩收到画之后非常开心，认为这是妈妈给她的最好的礼物。

第五遍：长图文分发。我们将这个买家秀，结合背后的故事，发在了独立站的"用户故事"这个板块，并且制作成EDM（邮件营销），通过邮件发送给所有订阅我们的用户。看到邮件的用户会觉得开心、感动和幸福，同时也会觉得我们销售的产品很有意义。在我们做"种草"和二次营销的同时，也增强了品牌力。

你看，一个内容，我用了五种分发方式，在我们能够触达到客户的每个环节都分发了一遍，让它最大化地发挥作用。这就是我所说的：一份内容，五倍分发。

夯实内容力不是一朝一夕的事情，但只要我们用心积累、打磨和沉淀，建立属于自己的强大内容库，再结合五倍分发的杠杆，坚持下去一定会有意想不到的效果。

> **Tips**
> 五倍分发之后，也不意味着这些内容就再也没用了。随着粉丝和用户不断更新，每过一段时间还可以将经典的内容再次进行五倍分发。

三、内容力的评定标准

下面是我对 TikTok 内容力的评分规则，你可以根据自己每个阶段的不同水平，看看自己和团队在最重要的内容力这方面能获得多少分。

1分内容力：完全没有建立内容库，没有内容库意识，各个平台都没有沉淀下来内容；

2分内容力：知道需要建立内容库，有意识要做内容，也制作和发布过一些内容；

3分内容力：初步分类建立了内容库，按照内容库和五倍分发原则运营内容，通过内容已经获得了很多免费流量，变现了闭环，并且至少精通1~2项分发形式；

4分内容力：已经有完善的内容库，每一个内容库都已经沉淀了丰富的内容；有很强的内容判别能力，能够快速地产出符合用户需求的内容，并能够用这些内容获得源源不断的流量与成交；

5分内容力：成为知名的内容品牌，精细化、规模化管理运营内容库，精通多项内容分发形式，在本领域占领用户心智，并且留下过现象级传播的内容作品。

请记录你的评分，我会在本章的最后带你一起分析综合得分。

第三节
获流力：理解 TikTok 的流量与"留量"

请你带着这些问题来阅读本节：

1. TikTok 能够通过哪些方法获取流量？
2. 为什么"留量"比流量更重要？
3. 你给自己/团队的获流力打几分？

这一节的内容是想让你理解 TikTok 的流量有几种类型，它们分别起到什么样的作用，对应的要求和代价是什么，以及我们该如何更好地制定适合自己产品的获流策略，等等。关于如何在 TikTok 上获取巨大流量这个最重要也最核心的问题，我在第四章花了大量的篇幅系统地做出了讲解。在本章先扎实地获得底层认知，才能更好地使用第四章提到的方法。

一、TikTok 的流量分类

1. TikTok 的免费流量

免费流量，不是我们一分钱不花就能获得的流量，而是我们不给平台或者合作方支付购买对应曝光量的费用，仅仅是因为作品质量好、受欢迎，从而触发平台的流量分发机制，进而获取到的流量。

我们常会陷入一个误区：付费流量比免费流量贵。这句话从表面上看没毛病，但是如果我们算总账，往往免费流量的成本更高。视频的拍摄、剪辑、发布、运营，所涉及的设备成本、人工成本、场地等运营成本，每个月的支出最少都是以万元为单位的。拿这些钱直接买广告获取流量，可以得到更多曝光。所以在获取 TikTok 流量这件事上，免费的往往也是更贵的。

免费流量的决定因素就是我们的内容能否受到客户的喜爱，能否帮助 TikTok 这个平台提升用户的体验感。TikTok 想要尽可能地提升用户的使用时长，为了这个目标，TikTok 不断地用自己独家的推荐算法为每一位用户量身定制符合他们喜好的内容。

对你来说，如果你的内容恰好可以帮助 TikTok 吸引和留住一部分人群的注意力，让他们愿意在你的作品上面花时间，那么 TikTok 一定会继续推荐这样的流量到你的作品上。相反，如果你的作品不好，TikTok 给你推荐了流量，但是这些人一秒钟就滑走了，甚至因为看了你的作品觉得 TikTok 真没意思，系统就会判定这个账号的内容力不强，那想继续让 TikTok 推荐流量就很难了。我们需要了解清楚 TikTok 希望我们给平台贡献什么样的内容，达到什么样的效果，才能把握好如何获取平台的免费流量。

2. TikTok 的付费流量

付费流量就是直接花钱购买观看量来获得曝光的直通车，但是付费流量也需要实力过硬才能起到作用。一般在 TikTok 中使用付费流量的目的是直接成交、提升品牌曝光以及获得一定的粉丝数量来直播等权限。

如果是以直接成交为目的，付费流量有一个很重要的指标——ROI（Return on Investment），就是我们常说的投入产出比。只要 ROI 足够高，我们就愿意一直充广告费去做投放。但是付费投放是一门很深的学问，一个好的投手可能是烧了几千万才培养出来的。影响投放效果的因素有很多，比如素材质量、广告组设置、预算设置、什么时候放量、什么时候停止、用户画像选择、投放渠道方式和目标的选择等。在 TikTok 中，想要将钱花得值，一定要选择内容力强的素材进行流量投放，否则会造成浪费。

TikTok 中直接购买观看量的入口叫 Promote，类似于国内抖音的"抖+"。我在第三章中会讲到如何用 Promote 帮助我们的账号更快地度过"黑洞期"，也会在第四章中讲到如何让

Promote 作为我们获得巨大流量的助推因素，这些内容都是在诠释这一点。

TikTok 的免费流量与付费流量要相互配合使用：以内容力为基础动力和燃料，用付费流量作为助燃器，帮助我们更加快速地引爆好内容。

3. 私域流量（留量）

私域流量的概念是相对公域流量的，将公域流量引导到私域，就是将客户从"别人的地盘"引导到"自己的地盘"的过程。在国内，很多创作者和商家想尽办法将自己的粉丝从抖音引导到微信上，这样可以随时聊天、发朋友圈，甚至还可以实时转账获得收益，将粉丝的商业价值最大化。

在国外也是相同的逻辑。我们在 TikTok 上精心制作视频，也希望把粉丝引到我们的私域来，方便二次营销。前面提到，TikTok 和抖音不同的是它的开放性更强，可以直接在主页绑定照片墙、YouTube 的官方账号，同时商家可以将独立站的官网链接挂在 TikTok 主页，用户可以直接点击链接跳转到我们的独立站进行咨询或者购买。所以，TikTok 海外的私域链路是更加通畅的。

既然有这样的优势，我们更需要布局好私域流量的链路，为自己积累私域资产。因为平台的规则、流量分发机制、广告费涨不涨价，都是由平台单方面说了算。如果平台发布的新政策对我们不利，起码还有自己的私域用户作为保障。

我们可以根据用户特点，选择合适的私域流量承接平台。可以是 WhatsAPP、Messenger、Discord、照片墙、EDM（邮件营销）等，不仅方便与客户聊天，还可以让他们看到我们发布的内容，不断地刷存在感，再适当给出促销活动刺激他们做出购买决定，这样就完成了一个简单的私域流量运营闭环；也有利于培养和发展忠实用户和超级用户，增加复购、转介绍和升级消费。所以，我会称私域流量为更加值钱的"留量"——留存住的量。

那么我们该如何将这些海外用户从 TikTok 引导到我们的私域流量平台呢？我在上一节提到过，有一个内容库叫作"私域抓手库"。我们可以提前设置好多个"抓手"，用福利和特权吸引用户进入私域。比如说来了就买一送一，不来就没有；来了就再送一年质保，不来就没有；等等。又或者可以把这个"抓手"放在寄给用户的包裹里面。我相信你平时拆快递的时候，一定经常能看到商家的"加微信返现卡"。我也用过类似的方式引导用户进入私域：将卡片做成一封高级的"产品体验官"邀请函，告诉用户选中的概率只有 5%。"产品体验官"可以在我们每次上新款时领取免费试用名额，并将试用结果反馈给我们，帮助我们做产品改善。每次仅需支付 10 美元运费即可。悄悄告诉你，我们给出试用的产品成本 + 国际邮费，一共只有 8 美元，并不会亏本。但我们在官网上的标价是 59 美元，很多用户还是非常乐意加入的。

> **Tips** 每一个成功的品牌背后，都一定会有一群鼎力支持的超级用户。我们将用户沉淀到自己的私域并且进行精细化运营时，就是筛选和培养超级用户的开始。

二、TikTok 的流量循环闭环

了解了在 TikTok 中最常用的三种流量，还需要进一步了解这三种流量是如何循环起来，相互促进，从而形成增强回路闭环的。

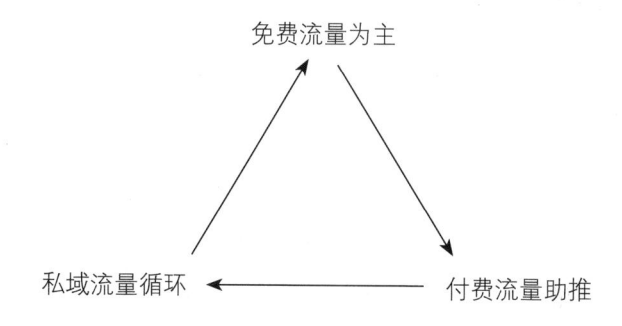

```
         免费流量为主
           ↗      ↘
          ↗        ↘
   私域流量循环 ← 付费流量助推
```

图 2-10　TikTok 的流量循环闭环

免费流量是必备的基础与核心能力；付费流量是直接成交和热门视频的助推器；私域流量是沉淀下来的用户资产，还能通过裂变获取新的用户。在使用 TikTok 的路上，理解透了这三种流量，并且将它们玩明白，你一定可以成为 TikTok 的流量高手。

三、获流力的评定标准

下面是我对 TikTok 获流力的评分规则，你可以根据自己每个阶段的不同水平，看看自己和团队能在获流力这个方面获得多少分。

1分获流力：不了解 TikTok 流量分类，也不知道该如何获取流量；

2分获流力：了解 TikTok 流量分类，也尝试过在 TikTok 上获取流量，但是效果欠佳；

3分获流力：至少精通1种获取流量的方式，能够熟练地用这种方式与用户成交，并且有意识将用户沉淀到私域中做二次营销；

4分获流力：对 TikTok 的免费流量和付费流量都有体系性的研究和打法，并建立和运营自己的私域流量，使这三种流量形成正向闭环；

5分获流力：在4分的基础上，能够得到一群高黏性用户的维护与支持，并且也能源源不断地收获新的用户。

请记录你的评分，我会在本章的最后带你一起分析综合得分。

第四节
运营力：加强 TikTok 流量的承接与成交

请你带着这些问题来阅读本节：

1. 为什么运营不是打杂的？

2. TikTok 的成交场景有哪些？

3. 你是否已经建立了良好的运营体系和成交闭环？你给自己的运营力打几分？

我最开始一直觉得运营就是打杂的，没有重视，结果搞来了流量，成交转化却很差，这一度让我非常苦恼。后来我开始重视运营、学习运营并且提升整个团队的运营能力，才发现这部分确实很重要，而且是有方法可以学的。

一、如何理解 TikTok 的运营

TikTok 中的运营力，就是我们对于流量的承接与成交的能

力。运营需要懂产品、懂内容、懂流量，最关键的是能够在体系化的基础上与用户成交。如果没有成交，搞再多流量都等于零。

2021年，我的一位做跨境的朋友老梅，招了一个"特别厉害"的投手，号称自己投放过上亿的资金量，他加入公司肯定能为公司搞来很多流量。老梅一听到搞流量就很"上头"，把这个人招进来，工资和提成都开得很高，还请他吃饭喝酒，表示公司的未来就靠他了。对方也表示：放心，流量都交给我。两周之后，老梅告诉我，那个"厉害"的投手，在一夜之间将账户里的2万美金全部投干净了，浏览量暴增。一开始老梅以为爆单了，超级开心。但是当他打开PayPal（国外支付平台）和Shopify（独立站建站平台）后台的时候傻了：一个订单都没有！这真是现实版的"一顿操作猛如虎，一看结果零比五"。

这位投手刚入公司，对产品、内容、运营都不了解，就设置广告组去投流，肯定是会出问题的。作为老板，也必须有运营的体系化思维，不能抓着某一个员工就觉得是救命稻草，可以挽救公司。运营力是扎扎实实积累、打磨、实践、总结出来的，是十年磨一剑，而不是"一朝获取十万粉"。对运营有正确的理解，在TikTok之路上以成交作为最终目的，才不会偏离方向。

二、TikTok 的成交场景

如果你选择在 TikTok 上卖货,你的粉丝可以在以下三个场景完成购买。

1. 直接成交:小黄车

现在部分国家和地区已经开通了小黄车功能,可以在视频、直播间挂上小黄车,就跟国内抖音一样。直接将购买入口放在视频和直播间,会减少成交链路,降低用户的购买难度。所以我们一般首选小黄车作为成交场景。有些国家的用户对小黄车不熟悉,我们在做成交引导时,需要随时给到用户行动指令,提醒他们点击下面的小黄车就可以购买。

2. 私域聊单成交:照片墙、WhatsApp 等

我在前面多次提到,我们可以将 TikTok 主页直接绑定照片墙账号。所以即使照片墙是一个更具有公域流量性质的平台,但是对于承接 TikTok 的流量并聊单这件事,它是具备私域属性的。我们将短视频和直播吸引来的用户引导到照片墙上领取礼物或者优惠,然后一对一地了解用户是被哪一款产品打动,再根据用户喜欢的产品给出有吸引力的活动折扣,最后再将这个具体产品的链接发给他,让对方无须在独立站里面去寻找即可直接购买。同时,对于已经在我们私域里面的用户,想要对他们做二次营销也是更方便的。

3. 主页链接成交：独立站、亚马逊等第三方链接

在 TikTok 上成为商家账号之后，就可以将我们的链接挂在 TikTok 的主页上。用户进入主页点击链接，就可以跳转到第三方网站。这种成交方式的链路会比第一种更长，而且不够直接。用户看上了你视频里面提到的产品，结果点进去发现是你的独立站首页，用户还要从一大堆商品里面去找他刚才看上的那个产品，路径非常多。每多一个步骤，就会损失一部分用户。这样的成交方式就对我们的产品力、内容力和运营力要求非常高，如果这个产品真的很打动用户，不买甚至睡不好觉，那么他一定会克服万难去购买。如果很难做到这一点，那就应该提升我们的运营力，在成交链路上多下功夫，这就是我接下来要讲的 TikTok 成交运营六步法。

三、TikTok 成交运营六步法

经历过流量的虚假繁荣之后，我意识到必须有一套完整的且能够落地的运营方法来提升成交转化率。我总结了 TikTok 成交运营六步法，无论是通过短视频还是直播引来的流量，你都可以参考这六步法来帮助自己提升转化。

1.CTA（Call To Action，行动指令）

不管是短视频还是直播间，我们都需要将行动指令巧

妙地放在各个环节。用户是没有自觉购买的意识的，需要我们时时刻刻提醒他们：可以下单了！

我在短视频里面最常用的办法就是：在片尾加入行动指令，提醒用户购买、关注、点赞。

在直播带货的时候，我们更是需要每分钟都重复行动指令：关注直播间、点赞、评论、购买等，用反复高频的行动指令告诉用户现在需要做什么（在第五章直播话术的准备中也会提到）。不管产品展示的部分有多精彩，搞活动人气多旺，在我们直播中重复最多的一定就是CTA的部分，不然就会浪费掉我们好不容易获得的流量。

图 2-11　行动指令示意图

> **Tips**
>
> 这个片尾只是对于卖货商家关于行动指令的案例讲解，但不是每一个视频都必须加这样的片尾。如果你追求完播率，也可以在最吸引人的部分直接结束，让用户愿意再看一遍。

2. 适时"秀肌肉"和社会责任感

在转化的过程中，用户会有很多疑虑。除了自己到底需不需要这个产品，这个产品到底好不好以外，还有一个很重要的因素就是用户对我们的信任和认可，那么多卖产品的，为什么偏偏要选择你？

除了日积月累做品牌以外，我们还需要在销售的过程中快速打消用户的顾虑，给用户一个能够迅速说服自己下单的理由。比如我的一个卖宠物油画的项目：我们的油画定价很高，需要上百美金一幅。用户很喜欢我们的产品，看了很多作品之后也认可我们画得非常好。但是因为价格不便宜，在一对一聊单的时候会遇到很多用户在犹豫，没有动力做最后的决定。这时候我会告诉他：我们每卖出一幅画，都会将利润的 80% 捐助给流浪猫狗基金会，画宠物的项目是因为我们想要救助更多的流浪猫狗。有很多用户听了这些话，当即就决定要购买。这是因为想要购买的用户一定都是喜爱猫狗、有爱心的人群。这个方式很打动他们，他们买的不仅仅是一个产品，更是一份情怀和一颗公益之心。

所以适时给用户表达自己的社会责任感，以及我们的实力，能让用户在纠结买不买的时候，多一个说服自己的理由。

3. 用真实买家秀引起共鸣

有些用户犹豫买不买，是因为不知道这个产品是不是真的适合自己，会想："产品虽好，但与我有什么关系呢？"这时候我们可以根据用户的人群画像，给他们展示同类人的买家秀。比如我做的一个定制贴纸项目：我们展示产品的防水效果好、色彩度很棒、防刮、撕下来不会残留胶水等，用户也相信这个产品确实不错，但是他们可能一时想不到自己定制这样的产品用来干什么。

我的策略是：分别给不同的用户展示不同的买家秀场景。针对企业主和上班族，就展示我们用户将自己的LOGO定制成贴纸贴在自己产品包装上的照片；针对滑板达人，就展示其他滑板达人将自己的滑板贴满贴纸之后的效果；等等。用户一旦看到跟自己相关的使用场景，能够感觉到"这样用不错"，或者"居然还能这么用"，那就基本可以打动他们了。

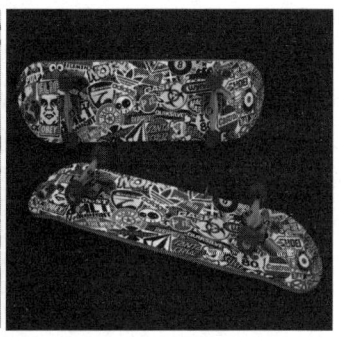

图 2-12　给不同用户展示不同的买家秀场景

4. 用价格锚和价值锚来锚定用户心智

首先一定是反复抛出价值锚，让用户从内心认可一件事：确实一分钱一分货。因为用户都喜欢物美价廉的产品，所以我们需要反复强调产品的价值。

除了从整体上强调产品好，跟同类产品做细节对比以外，还可以把每一个步骤、每一个环节拆开告诉用户它为什么好。

图 2-13　钻石穿戴甲

比如我们在做美国区的钻石穿戴甲短视频和直播带货时，在讲价格之前，我们会先将价值感拉上去："我们家的穿戴甲使用的是质量最好的亚克力钻石，每一颗钻石都是精挑细选的优质钻和一些比较大的钻石，光成本就是每颗 1 美元。整套穿戴甲有 10 个指甲，仅仅是钻的部分，我们就用了价值十几美元的原材料。而且每一片指甲都是纯手工制作，做一片指甲就要花费美甲师大约 20 分钟的时间，做完一整套需要两三个小时，手工费成本都达到了 20 美元。不管是材料还是做工，都是非常用心，而且精益求精。"这就是价值锚，让客户觉得："别小看这个小小的指甲片，原材料和人工成本都用的是最好的，这就是穿戴甲里面的奢侈品！"

再来说价格锚：让客户从内心认同这个产品很贵，值得这个价格。还是这个例子，我们在给客户价格锚的时候，第一个强调的是我们在实体美甲店做一次纯色的指甲都要 100 美元，要贴钻的话，每个指甲都要加 10~20 美元。别人花了很多钱还没有办法做到这么漂亮的指甲。第二个强调的是，我们为了做高级的钻石穿戴甲，所有的成本加起来最低要 30 美元。

当这两个锚深深地抛进用户的心中，后面再给出限时折扣，打折的力度才会真正地让人心动。

5. 用限时活动促成交

限时活动主要是在前面价值锚和价格锚铺垫得足够好的情况下告诉用户：我今天给的是特价，只给 1 分钟，或者只给前 5 名。或者今天新号开播，我愿意将这个产品作为礼物送给我的粉丝，只要你们关注我，多点赞多互动，今天只需支付邮费，我就将价值 69 美元的产品送给你。

我们是充分利用用户的损失厌恶心理，当他内心已经认同了我们的产品真的很好很贵的时候，仅仅支付 10 美元邮费，就能得到一个这么好的产品，他就会觉得不抢肯定亏了呀！所以外国人也会因为厌恶损失心理而被限时活动刺激而成交。

6. 一对一私聊降低成交难度

我在成交场景中提到，我们在直播的时候可以用限时折扣的方式将用户引导到私域，我们的客服在私域聊单场景就可以询问用户喜欢哪一个具体的款式，然后将这个款式的链接单独发给用户让他直接购买。

另外，私域聊单可以将我上述的五种促成交的方法都用上，在私域的场景下再使用一遍。一对一的时候更容易针对不同客户发送不同的聊单内容，比如买家秀。所以在私聊环节是可以增加成交率，降低成交难度的。

以上就是我自己在实践中用得最多也是最有效的TikTok成交运营六步法，我们需要将这六步法反复地在实践中使用，掌握精髓之后，就可以根据不同产品来灵活搭配使用了。

四、获运营力的评定标准

下面是我对TikTok运营力的评分规则，你可以根据自己每个阶段的不同水平，看看自己和团队在运营力这个方面能获得多少分。

1分运营力：有成交意识，但不清楚自己TikTok项目的成交链路闭环；

2分运营力：已经设定好项目的成交闭环，也初步跑通成交闭环，但没有精细化运营；

3分运营力：成熟地跑通成交闭环，掌握并且能够运用上述"成交运营六步法"中的三种以上；

4分运营力：拥有一个小有规模的运营团队，并且规范化、流程化、精细化运营；

5分运营力：拥有成熟稳定的运营团队，精通"成交运营六步法"，有高转化成交率。

请记录你的评分，我会在本章的最后带你一起分析综合得分。

第五节
品牌力：建立 TikTok 品牌资产与壁垒

请你带着这些问题来阅读本节：

1. 在 TikTok 上走品牌之路的影响是什么？

2. 如何在 TikTok 上建立一个海外电商品牌，获得长久的品牌力加成？

3. 你给自己的品牌力打几分？接下来的品牌战略是怎样的？

品牌力是 TikTok 五大核心力量中的最后一个，它需要花很多时间、很多预算以及很多精细化运营的积累慢慢形成，是一个费时费力的事情。但是品牌一旦形成，就会为你形成壁垒，成为资产，你可以一直享受到品牌带来的红利。品牌非常重要，值得我们用十年磨一剑。

一、TikTok 电商为什么要走品牌之路

品牌力可以大大提升用户的决策效率，更快地做出购买决策。同时，品牌力还可以提升产品的溢价、自然搜索流量、客户的复购率等。

当我们提起品牌的时候，都知道品牌的力量很强，希望自己有一天也可以做成一个强大的品牌。但当我们做具体的项目时，又会因为做品牌需要付出的成本望而却步。这是当下与未来的权衡，却难倒了很多人：不做品牌的没有后劲，做了品牌的熬不到品牌给项目加成的那一天就活不下去了。

近几年，我们公司主攻品牌独立站，并且在 TikTok 和其他的渠道也是以品牌作为主要思路来做战略规划，其中有一个品牌到现在已经做了 2 年零 3 个月。有一次成都疫情严重，我们因公司封闭，营销人员被隔离，导致所有的营销和运营工作暂停了 18 天，纯靠 EDM 和自然搜索流量，每天有几十个用户主动找上门下订单，真是体验了一把"被动成交"的感觉。我查了后台数据，有很多用户是直接在 TikTok 上输入我们的品牌名，通过搜索进到我们的主页，再进行购买的。这种"被迫修改变量"的方式，让我明显地感受到了品牌的力量。

我还曾多次收到用户的投诉反馈："我看到有另一 TikTok 账号和独立站在模仿你，他们甚至从你的直播间找到我，希望我可以在他们家下单，因为他们家的价格比你们便宜 30%。但我拒绝了他们，我还是决定在你们这里购买。因为我很喜欢你

们对产品的态度、对客户的态度，以及你们做这个项目的初心。但是你们要谨防他们到你们这里来挖客户，这个行为太差劲了！"

我们收到过很多类似的信息，也遇到过同行想尽办法来挖我们的用户。但是当我们的品牌力慢慢强大起来之后，用户的忠诚度也会因为品牌力的增强而增强。你为品牌付出的所有心血，都会在这个时候体现出来。

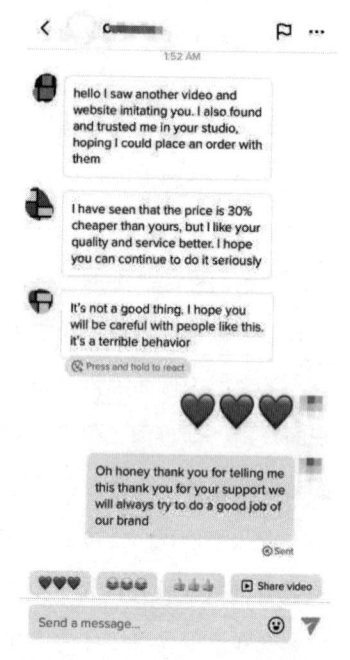

图 2-14　用户的投诉反馈

我们常说要为自己打造"被动收入"，却也要清楚所有"被动收入"都不是无缘无故的。它的背后要么是呕心沥血的付出和积累，要么是巨大的风险。

二、建立 TikTok 海外品牌六要素

无论是 TikTok 还是独立站，我一直在带着团队走品牌之路，也因为坚持走品牌之路感受到了黎明前的黑暗，真的难以坚持，但当看到品牌力带来的正向结果时又是那么振奋人心。这更加坚定了我要走品牌之路的决心。

我总结了建立海外品牌的六个要素，希望为你在品牌之路上指引方向。

1. 产品口碑

我在本章第一节讲过如何提升产品力，当用户收到的产品质量好，这个品牌给他留下的印象就会加分。**质量是维护顾客忠诚的最好保证。**想建立自己的品牌，产品口碑是一个非常基础的因素。在这里我需要再提一下，我们在选品时要关注利润率这个部分，兼顾产品品质和利润空间，这样才能在维持产品口碑的同时，也有一部分预算可以支持项目走品牌之路。

2. 特色鲜明的真人 IP

这个真人 IP 一般是选择创始人、发起者。在国外，大家也更喜欢有血有肉有风格的真人，产生更多互动和社交的欲望。所以我们在做账号时，一般会在商家的基础上推出一个"创业者"的形象 IP，由他来跟粉丝对话，告诉大家自己为什么要做这样的事情，讲一下品牌故事，然后告诉大家自己的愿景是什么。在直播时，也是以这个身份告诉粉丝我今天愿意给我的粉丝送福利，我决定拿出 ××× 个礼品来做评论区抽奖，这些会让粉丝更加信服，更加支持我们的产品。

有了一个受欢迎的真人 IP，经常讲品牌故事，把自己的三观和人设树立好，粉丝是会为此买单的。而且这样引来的粉丝，黏性也一定会更强。唯一需要注意的是：这个 IP 是否稳定，他会不会因为自己出名了就想跑？这一点大家可以多跟自己身边做 MCN（多频道网络）机构的朋友聊聊心得。

> **Tips**
>
> 不管是大公司还是小创业者，有真人 IP 的账号通常能够提升产品溢价和粉丝黏性。有很多账号都是小老板在自己的小作坊里面制作东西，却非常受欢迎。

3. 深入人心的内容沉淀

我们有时候看某个广告会被深深触动，比如"妈妈，洗脚"这个广告词，这么多年了我依然记得那个画面。遇到触动人心的广告片，用户会在内心与我们共情，因为我们在为他发声。这时候我们就拉近了与用户之间的距离，这也是我们常说的：占领用户心智。

我在第一章为什么要学习 TikTok 里面提过：笑点、泪点、爽点、启发点这四个点更能够"刺激"用户。你在做内容时，可以根据自己的产品情况，结合这四个点来创作深入人心的内容。

一般笑点和爽点更容易引发用户点赞和转发；泪点和启发点更容易引发收藏和评论，并且默默下单。我做过两个破百万次播放的视频，它们直接带来了 1000 多个订单的转化，涨粉 20 多万，并且引来很多网红主动找我们合作代言。这两个视频都是触发泪点的，把情感中的遗憾描绘到极致，再用我们的产品去弥补遗憾。

比如，这是我写的剧本梗概："我老公的妈妈去世了，她生前最大的遗憾就是没有看到我们的孩子出生。现在我们的孩子已经2岁了，我老公经常会抱着他看奶奶的照片，告诉他这是他的奶奶。我知道，这也是我老公心中永远的遗憾。今天是他的生日，我为他准备了一个特殊的礼物：一幅定制油画。油画中是他的母亲抱着我们的孩子，我希望这幅画可以弥补他心中的遗憾。"她老公打开礼物的一瞬间直接泪崩，因为他从没想到自己能看到母亲抱着儿子的样子。

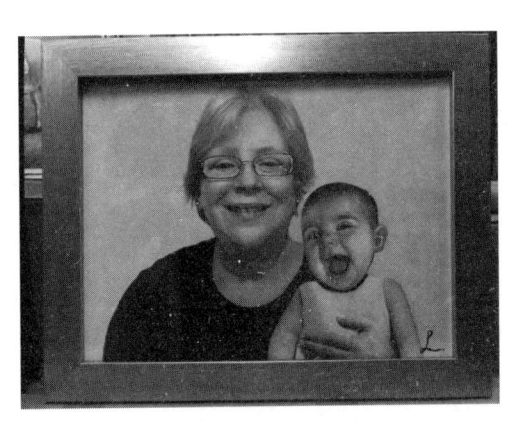

图 2-15　用产品去弥补遗憾

视频里面她老公抱着这幅画哭得很厉害，并且对自己的老婆说："这是我这辈子收到最好的礼物，我爱你。"

有了这样的戳泪点、深入人心的内容，用户心里就会增强对这个品牌的认可度。这也是为什么我刚才说泪点更容易让用户记住。多沉淀几个这样的内容，品牌力会迅速得到提升。

4. 服务、体验感、交付感

售前成交很重要，售后的体验也非常重要。我们在包装、服务上多下功夫，会让国外的用户对我们留下更深刻的印象。海外本土的品牌人力成本很高，匹配的客服人员很少。我在美国的时候，想要找银行咨询事情，打了两个小时的客服电话才接通，体验感非常差。很多做跨境的公司更是注重售前成交，而忽视掉售后服务。所以我们想要走品牌路线，多在这个部分下功夫，会更容易让客户有好的体验。

这样的服务在中国很常见，比如我们买的减肥餐，会匹配一个营养师告诉我们怎么吃、吃多少，拍照打卡，等等。但这样的服务在国外要么少见，要么很贵。我们可以根据自己的产品给客户提供定制服务，并且定期交付。这样既能够让客户有很强的服务体验感、交付感，我们还可以在定期交付时巧妙地做二次成交；这样既能够提升品牌，还能够促进销售。消费者其实并不是真的在为商品的成本付费，他是在为商品的价值感而付费。

5. 触达客户的广度、深度与持续程度

在获流力部分我提到过几种流量获取方式，这些就是我们能够触达用户的渠道。我们将十大内容库里面的内容持续触达客户，能对品牌力起到很大的加成作用。这里面最核心的就是持续，坚持长时间去做，日积月累后，它在用户心中一定会形成一个强大的力量。

有一个很典型的类比，我去美国之前有一个卖国际机票的人加了我的微信，那时候我没理他，就在国航的官网上买的机票。但是他每过一小段时间就会给我发信息，后来我把他屏蔽了，但我会有一个模糊的印象。果然，有一次我在官网上找不到合适机票的时候，我把他从通讯录翻了出来，找他买了第一次机票。那个时候我知道他把这件事至少已经做了三年了，起码不会是个骗子。有了第一次购买之后，我发现他的机票又便宜服务又好，于是之后就锁定找他买了。

在最开始做一件事时，不会一下子就能获得别人的信任。但只要能坚持，即使是很小的事情，也会因为你坚持了这么久而获得信任。信任，就是品牌。你可以回想一下，自己身边那些很多年坚持做同一件事情的人，你是不是会对他们有更强的信任，是不是在有需求的时候都会倾向于找这样的人？**说服别人最好的方式，就是你一直在坚持你原来做的事情。**

在 TikTok 上也是一样，我们一定会经历一个"黑洞期"，不仅是账号需要慢慢被识别贴上标签，我们的粉丝和客户也需要时间去信任我们。当然，除了坚持以外，我也为你准备了如何更好地度过"黑洞期"的方法（在第三章的第三节）。

6. 品牌名和 LOGO 等要素

我在最后才说品牌名和 LOGO，是因为我见过很多团队，只把重点放在视觉工作上，没有把精力花在提升内容力和成交上面。当我问到他们最近出单有没有起色的时候，又将"我把精力都花在了设计品牌和 LOGO 上"作为一个好借口。所以我把它放在最后一个讲。

品牌名和 LOGO、主页装饰、承接页面的装饰在品牌路上是需要花心思做好的，时间越长效果的差距就会越明显。

效果差距最大最明显的是品牌名。同样的曝光量，好的品牌名能让粉丝记住，并且提升被搜索到的概率。我一般会用有画面感的词作为 TikTok 或者独立站的品牌名，比如说动物，或者大家都会有认知的某种东西。

但到现在为止我记得最清楚的一个租车公司的名字就是"FOX RENT A CAR"（狐狸租了个车）。虽然有点长，但是太有画面感了，所以我能记住。因此我在取品牌名的时候，会结合产品选择一个匹配的画面，再选择一个有意思的形象加在一起，来确定品牌名。

再根据这样的形象做一个 LOGO，放在我们产品图上、放在短视频最后的片尾；作为社交媒体的头像，等等，在每一次我们的内容触达客户时，都能刷新品牌的存在感，有画面的 LOGO 会让用户更容易记住我们的品牌名。日积月累，累计上千万次曝光之后，从品牌的搜索量方面就能慢慢看到成效。

三、品牌力的评定标准

下面是我对 TikTok 品牌力的评分规则，你可以根据自己每个阶段的不同水平，看看自己和团队能在品牌力这个方面获得多少分。

1分品牌力：没有品牌力，没有品牌意识，没有品牌名和其他品牌设定；

2分品牌力：有品牌名和LOGO，也有计划地沉淀品牌力，但暂时看不到品牌的沉淀效果；

3分品牌力：有完整的品牌战略，并且达到了上述品牌六要素中的三点以上；

4分品牌力：成为TikTok在本赛道的大IP，用户在TikTok搜索产品关键词时可以排名前三，并且成为本赛道其他新账号的对标对象；

5分品牌力：成为行业品牌变现顶流，品牌词搜索量达到行业顶尖，并成为品牌商业案例。

请记录你的评分，我会在本章的最后带你一起分析综合得分。

第六节
TikTok 五力模型自测工具

一、根据 TikTok 五力模型评定标准绘制自己的模型图

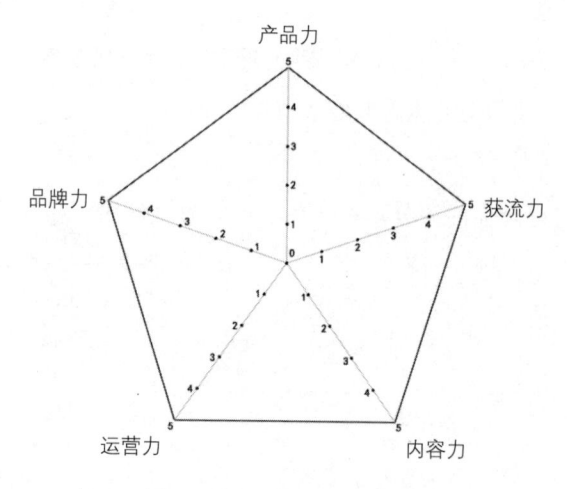

图 2-16　TikTok 五力模型图

看了前五节内容，请对照着这个五力模型图，将自己的打分标在相应位置，并且连线形成一个新的五边形。这个新的五

边形的面积，就是你目前在 TikTok 的综合实力。这个图可以让你清晰地了解自己的实力。我相信，在看了前五节内容后，你也能够清楚地知道自己的强项和弱项，以及对应的提升方法。

这个五力模型图还有一个用处：帮助我们制定接下来的目标。你可以以年为单位，给自己的 TikTok 项目设定五力模型的细分目标。比如：

下面最内圈线是你现在的情况，你希望在未来一年将这个项目的整体实力提升到中间线部分（增长幅度需要根据你的团队实力来决定）。那么其间的阴影部分就是接下来这一年需要努力的方向。拆分到具体每个力量，分给对应的负责人，再根据前五节的内容将任务进行更细致的拆分。这样就可以做出非常适合自己，并且很具体的增长计划了。

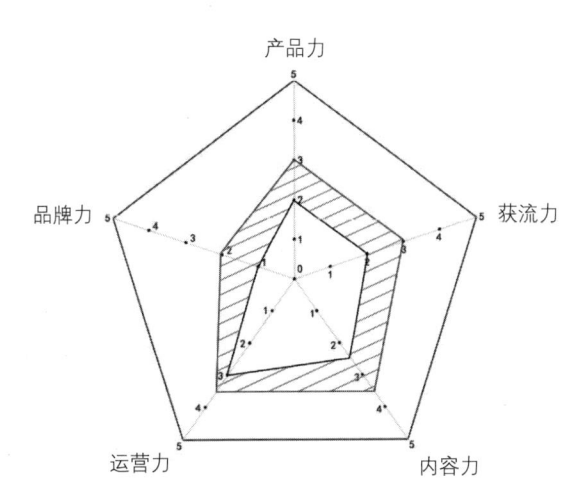

图 2-17　TikTok 五力模型打分示意图

二、TikTok 五力模型案例分析

下面我用一个真实的 TikTok 账号作为例子带你做一次完整的五力模型分析。这是一个做纤维灯的账号,粉丝很多,视频也很受欢迎。我们一起看下这个账号分别能得多少分(因为做跨境项目的团队都很介意透露自己的账号名和独立站网址,所以我做了马赛克处理)。

第一是产品力。这个账号展示的产品很单一,就是纤维灯,不同颜色和不同大小的纤维灯。这个选品很不错,它符合了我在产品力里面提到的以下几个特点:(1)展示性强,视频效果好,能够快速抓住用户眼球;(2)产品差价大,利润空间足;(3)体积不大,运费不会很高;(4)产品具有使用价值和情绪价值。

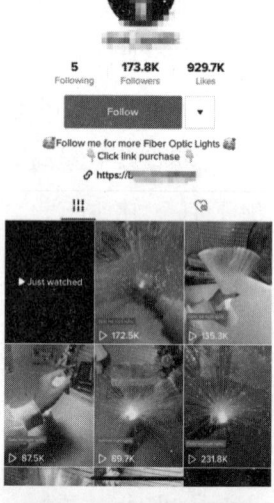

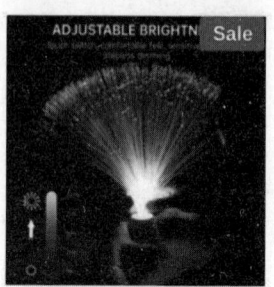

图 2-18 纤维灯账号与独立站界面

点开这个 TikTok 主页的独立站，看到这款产品的标价是 79.99 美元，在打了五折之后的"优惠价"是 35.99 美元。我们再来看看国内阿里巴巴上面这个品类的基础款价格。

如果要找质量更好的货源，成本应该比这个更高一些，但是我们可以通过这个价格大概锚定一个成本的范围。

结合上述情况，根据我对产品力的评分规则，这个产品可以获得 3.5 分，是很不错的得分。

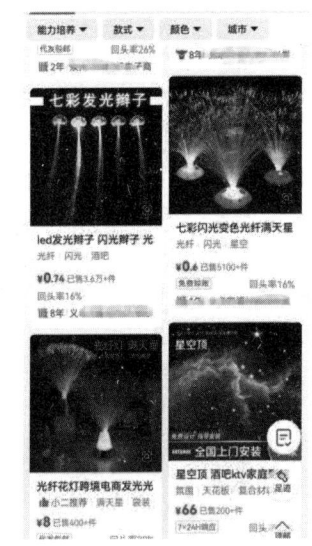

图 2-19 阿里巴巴界面

第二是内容力。这个账号的内容非常简单，每条视频都是展示纤维灯在黑夜里面呈现的效果，时长都是 10 秒钟左右。纤维顶端会出现爱心的形状，效果非常惊艳。就算是反反复复只展示这一个特点，也收获了很多播放量和粉丝。

这就是非常极致地将内容库中的"产品内容库"做大做强，丰富起来，一直运营。换着不同的场景颜色去展示产品，这样的内容就能打动用户。当产品力和内容力结合运用的时候，即使只做好一个内容库，效果也非常棒。

他们的内容力做得不错，但是没有看到他们在照片墙和其他社交媒体同步分发，而且内容库也比较单一，所以在内容力

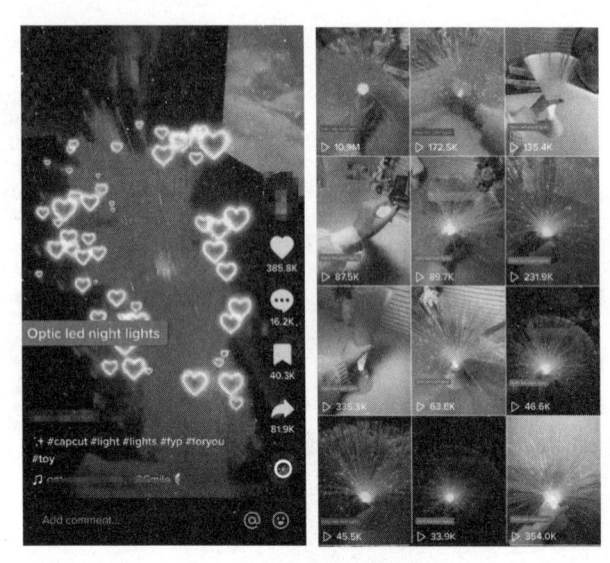

图 2-20　账号短视频界面

板块我给这个账号 3 分，算是比较高的分数。

第三是获流力。从上面这两张图片能看出，这个账号用短视频获得流量的能力很强，用内容为自己赢得了非常大的曝光量，这一点很厉害。但是没有沉淀私域的意识，对于巨大的公域流量会有一些浪费。所以我给这个账号的获流力 3 分，这个流量结果确实不错。

第四是运营力。这个账号把成交模型建立起来了，将独立站挂在主页的链接上。但是因为缺少很多运营成交动作，所以面对巨大的流量，转化率相对较低。在短视频里面没有引导关注，或者引导主页链接的动作，也没有使用一些活动作为"钩子"让用户按照他们设计的成交链路继续往下走。所以我给这个账号的运营力打2分。

第五是品牌力。这个账号的昵称和头像都是产品的品类名,并不是自己的品牌名和LOGO,整个账号没有体现任何的品牌元素。用户就算点赞关注,甚至完成了购买行为,也不会对商家叫什么名字有印象。如果收到的产品满意,用户只会觉得纤维灯这个品类不错,而不会有印象记得是哪个账号、哪个品牌的东西。当他再次想购买这个产品送给朋友时,他只会去亚马逊或者TikTok重新搜索这个品类词,而非品牌词。所以我给这个账号的品牌力打1分。

现在我们来看看这个账号的五力模型得分。

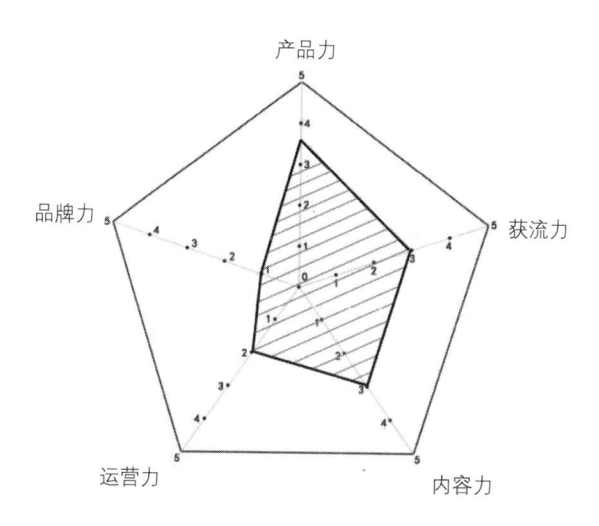

图2-21 账号的五力模型得分

即使是这样一个流量很大的账号,都还有很大的提升空间。

我在第二章花了很多篇幅讲 TikTok 的五力模型，就是希望你在最开始就能有体系性的判断：在 TikTok 项目中该如何制定自己的战略，每一个板块担任的角色是什么。不要等到流量搞起来了，再发愁变现的事情。

我相信你现在已经完全掌握了五力模型的测评方法，请你现在马上对自己的 TikTok 账号进行自测，并绘制五力模型图。如果你还没有建立自己的 TikTok 账号，那就选择一个你想要分析的账号，为它做一次五力模型分析。

第三章

TikTok的基础知识与起号方法

第一节
TikTok 的账号基础知识

请你带着这些问题来阅读本节：

1. 该如何设置 TikTok 账号？
2. 在 TikTok 上看视频和发视频有哪些注意事项？
3. 在哪里看视频数据？

如果你已经对 TikTok 账号的基础知识很熟悉了，就用本节内容辅助检查一下你的账号设置是否完善，以及账号类型是否选择正确。如果你还没有用过 TikTok，那么请一定按部就班地仔细阅读本节内容。

一、如何拥有 TikTok 账号

下载和使用 TikTok 的方法有很多，在知乎一搜就会出现一大堆结果。但是我在这本书里面要给我的读者们分享一下正确

的下载使用方式，因为我的很多学员选择了不正确的下载和使用方式，导致被平台处罚，甚至被封号。所以不要轻视 TikTok 的下载安装和注册环节，一旦被封号一切努力都白费了。

我在尝试了很多方法之后，最终选择了用正规的云服务器，结合美国正规的真机托管服务，用电脑操控云手机的方式。

这一步对于大部分新手来说是很难也是很重要的，需要一个步骤清晰的详细教学过程。所以我专门准备了一个 8000 字的《TikTok 下载注册保姆级 SOP 教程》，将三种不同的下载注册方式都标注在上面了，不管你是新手个体，还是公司企业，都能够在上面找到适合你的解决方案。由于 TikTok 处在调整期，政策和操作细节随时都在调整和改变，所以我也会每个月对这个教程进行一次最新的校对修改。

二、TikTok 账号设置三件套

1. 账号的名称和头像

设置账号名称最好的方式是品牌名 + 品类名。比如说品牌名是 Bunny（兔子），品类名是 Rings（戒指），那我们的取名就是 Bunny Rings（兔子戒指），这样既方便加强我们的品牌力，也便于用户在搜索关键词 "Ring"（戒指）的时候搜索到我们。

只有品牌名，没有品类名，会让用户无法在第一时间知道我们是卖什么的，转化率会受到影响，TikTok平台也无法识别我们的标签；只有品类名，没有品牌品，则就像我在第二章第五节里面说到的，无法积累品牌力。

头像的设置，是根据你的产品和内容决定的。如果你是真人IP，可以用真人照片，容易获得信任和好感度；如果你是走品牌路线的商家，可以将自己的LOGO作为头像（LOGO的设计最好和产品是相关的，这样展示LOGO既有品牌感，又可以告诉用户我们卖的产品是什么）；如果你的TikTok只卖一种爆款产品，那就可以用这个产品图作为头像。

2.TikTok 账号简介

账号简介的设置也很重要，它是在账号名和头像的基础上，再次给用户一个认识我们、了解我们的展示窗口。

好的账号介绍一般分3~4行，每一行内容的作用不同。一般来说最好用的格式是：

我是谁 + 我是做什么的 / 我有多厉害 + 行动指令

我们一起来看看这个例子。

图 3-1 账号简介示例

这样的格式其实就是最典型的"是什么+为什么+怎么办"。用户对视频里面的产品从感兴趣到做出购买决定的路径，其实也是在解决这三个问题。

这里需要注意的是，最后一行的行动指令可以有很多种引导方式。

第一种，引导用户直接购买。所用的话术就是"点击下方链接（独立站或者亚马逊等第三方购物链接）进行购买"，或者是"点击下方链接购买可以享受50%的折扣"等，愿意购买的客户就会主动点击链接下单。

第二种，引导用户进入私域。所用的话术是"点击我的照片墙获得免费礼物"，或者是"点击下方链接（私域平台链接）获得×××"等，这样就可以先把用户沉淀到私域，再用聊单的方式一对一转化，做二次营销。

所以简介部分很重要，它取决于我们的成交链路，影响着用户接下来的行为。我比较推荐第二种方式，原因就是我在之前的章节里面说到的私域资产的重要性。

3. 账号类型的选择

账号类型能让 TikTok 更准确地认识我们,知道我们是干什么的,为谁服务,谁有可能会对这个账号的内容感兴趣。如果选择错了账号类型,运营增长会更费劲,而且还会影响账号的功能。

我们注册新账号之后一般都会被默认为个人账号,如果只是自己刷着玩,发发自己日常活动的文字作品或视频,没有变现需求的话,用个人账号即可。但本书大部分读者都是有变现需求的,那么我们可以在账户设置里修改账号类型,来帮助我们更好地达到卖货变现的目的。

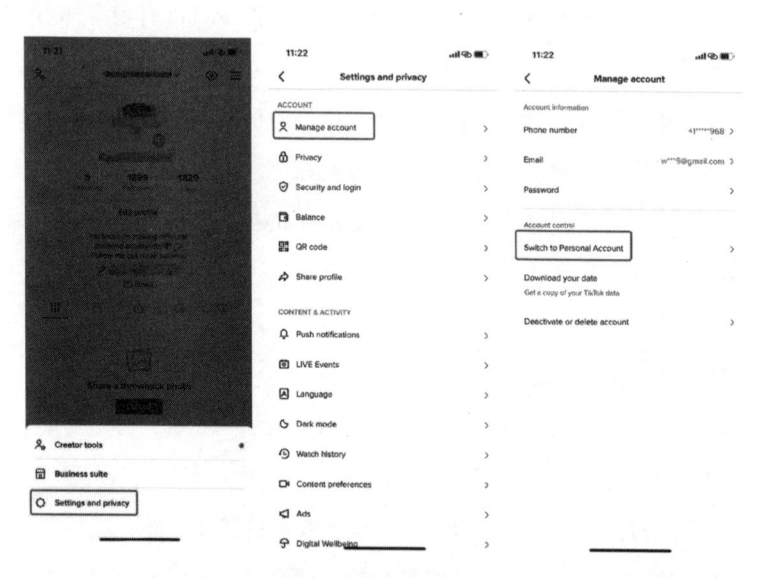

图 3-2 如何修改账号类型

要做 TikTok 带货的账号，就需要切换成 Business Account（商家账号）。除了让 TikTok 更容易识别我们的账号性质以外，还有两个非常重要的功能：挂链接和看视频的详细数据。我们一个个来看。

第一个功能是挂链接。将账号切换成商家账号之后，就可以将我们的独立站等第三方链接挂在主页上了，客户轻轻一点就能跳转到我们的网站。如果不切换到商家账号，就没有办法将链接挂在主页，这就失去了一个转化入口。

图 3-3 如何挂独立站链接

第二个功能是看短视频的详细数据。个人账号能看到的数据很有限，而商家账号能够看到非常详细的数据。我们来看一下商家账号能看到哪些数据。

在这里要注意完播率，这个数据是检验账号标签和视频质量的最重要因素。完播率高的作品，会根据用户画像再投入一点 Promote（抖+）来助推，结合我在获流力里面提到的付费流量策略，也许可以引爆新一轮的增长。

再来看本条视频的观看来源，"For You"（为你推荐）推

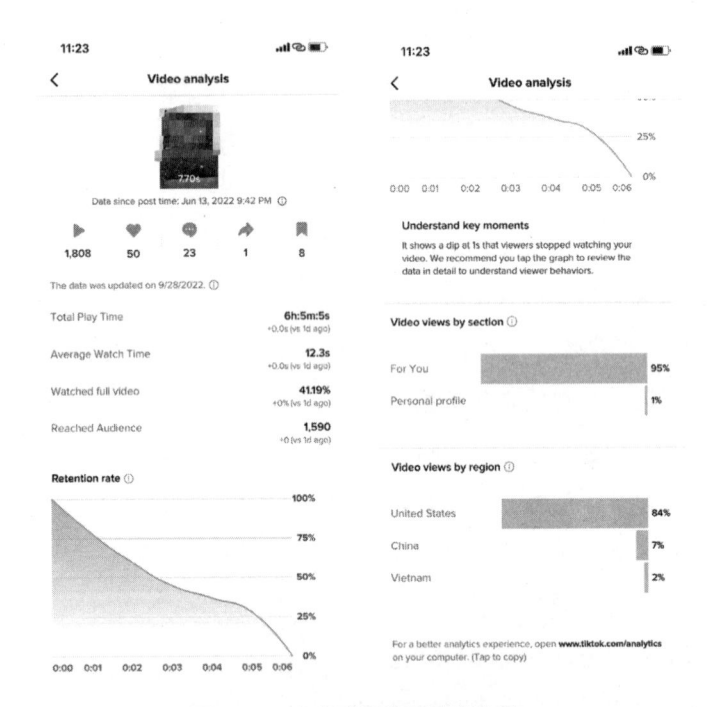

图 3-4　商家账号能看到的数据

荐的比例，并结合下面的用户国家来看，就能判定出这个视频是否被推荐，以及是否跟我们目标用户的区域一致，以此来帮助我们调整内容策略。

对内容的持续输出不能是盲目的，更不能只感动自己。每个作品都需要进行数据分析，并根据分析结果继续调整内容，这样才是有针对性的调整，更能事半功倍。

三、TikTok 怎么刷视频

我们的账号在 TikTok 眼中具有双重身份：用户和创作者。刚注册账号之后，以一个普通用户的视角去刷一下平台的内容，更容易被后台识别成一个真正的用户，而不是机器人，这样才会给我们正常的流量推荐。

在刷视频的时候，多去看看本行业竞争对手的情况，这样做有几个好处：第一，可以为账号打上这个行业的兴趣标签；第二，For You 会给你推荐更多的同类视频，我们要多看本行业做得好的账号，学习和对标他们的长处；第三，培养和提升网感。

四、TikTok 怎么发视频

1. 点"+"上传视频

图 3-5　如何发视频

2. 添加热门音乐

图 3-6　如何添加热门音乐

3. 给本条视频配上合适的文案和标签

图 3-7　如何配上合适的文案和标签

这三个步骤与国内抖音上传视频类似,但在具体操作这些步骤时,需要将我在第二章中提到的提升 TikTok 的五力模型作为目标去运营。学会了这些 TikTok 账号的基本操作,后面我们一起来看看 TikTok 的推荐算法。

第二节
TikTok 短视频流量算法五大底层逻辑

请你带着这些问题来阅读本节：

1. TikTok 短视频是如何被推荐的？
2. 如何提升 TikTok 短视频完播率？
3. 我以前发布的作品，有没有可能在几个月之后火起来？

用户打开 TikTok 时都会默认为 "For You"（为你推荐）界面，但每一位用户刷到的短视频内容却大不相同。再换个视角看：作为 TikTok 创作者，有的人发布的作品就能获得百万点赞，有的人发了上百条都还是只有几十次的观看量。如果你来到 TikTok 的目的是流量和变现，那么在开始做内容之前，至少要了解 TikTok 短视频算法的底层逻辑。

底层逻辑一：TikTok 算法推荐前提——归属地优先原则

在注册账号的时候，后台会根据用户所在的位置给账号一个"身份证"，就是账号的"出生地"，这一点在注册成功之后无法修改。不管这个账号的主人后面搬去了哪里，都不会改变这一点。

账号归属地的最主要影响是，你的作品和评论等内容会被推荐给哪里的人看。如果你是英国的账号，那么你的作品大部分流量都是英国的，美国账号则会推给美国人。所以我们在选择账号归属地之前一定要想清楚：我打算做哪个国家的市场，所卖产品在这个国家是否有市场和需求，作品风格能否受到这个地区用户的欢迎，等等。

这一点是我选择布局很多美区 TikTok 账号和直播的重要原因。我们所有的项目选品数据都指向了美国是最大消费国，用户对产品的接受度高，同时，我对美区市场有着深入的了解，对这个地区用户的内容偏好有把握，对美区独立站的其他营销方式也很擅长。

Global Volume 267.8K		Global Volume 276.7K	
US	135.0K	US	135.0K
CA	18.1K	CA	18.1K
UK	14.8K	UK	14.8K
AU	9.9K	AU	12.1K
MX	8.1K	MX	9.9K
IN	6.6K	IN	6.6K
Other	75.3K	Other	80.2K

图 3-8　如何选择账号归属地

但是美国的 TikTok 电商一直不完善，即使我们已经做了 TikTok 在美国的小黄车内测，但用户是通过小黄车跳转到独立站去完成购买行为的，而不是像英国和东南亚的闭环那样直接。

即便如此，我还是将主战场放在了美区市场。不仅是因为我更熟悉和擅长做美国地区的营销，还有一个更重要的原因是我的主要成交场景是独立站。在第七章企业出海的部分我会告诉你为什么企业出海要选择做品牌独立站。美国在很多产品品类上就是全球最大的消费市场，做独立站更倾向于选择美国。所以我选择美国市场作为主要战场来做 TikTok，同时发展一部分英国和东南亚地区的市场。如果你是个体创业者，则可以结合第六章的变现方式来选择市场。

当你选择 TikTok 的国家或者地区时，参考上述因素，结合你和你的团队最擅长的市场能力、产品销售的逻辑，以终为始倒推回来得出需要哪个归属地的账号，这时候再去注册。否则注册了之后发现归属地不对，就算运营了粉丝也需要从头再来，时间、机会、金钱成本都浪费了。

底层逻辑二：粉丝与播放量之间的关系

1. 没有粉丝也可以拥有播放量

TikTok 会给每一个作品 300~500 的基础播放量（因违规受到处罚的账号和作品除外）。即使是一个新的账号，没有任何粉丝，你的第一条作品也会有这样的基础播放。所以从理论上说，你的账号越多，每个账号发的作品越多，你能够得到的播放量就会越多。

但因为是新号，没怎么发布过作品，也没有粉丝，所以 TikTok 还不认识你，给你推荐的基础播放量就是随机推荐的泛流量，这就得看运气了。如果你发布的视频是美妆，随机流量里面有 300 个是男性的话，那么这条视频的数据就会很差，也会因为数据差而无法被推荐到下一个流量池。

2. 有粉丝对播放量的影响

对于有粉丝的账号，每一条作品的基础播放量也是 300~500，这一点是公平的。但是有粉丝的账号更容易因为视频数据好而被推荐到更大的流量池。这受到以下两个因素影响。

第一，这些基础播放会有一定的比例直接推送给粉丝。这些人已经是筛选验证过的喜欢你作品的人了，他们再次点赞、完播、互动的概率会非常高，由此直接为数据做贡献。

第二，账号内容、标签以及粉丝画像，这些痕迹已经被 TikTok 平台识别并且记录了。对于 TikTok 来说这个账号不再是"陌生人"，它正在一点点加深了解。这个时候再发布作品，平台会基于目前账号标签和受欢迎的人群画像，来推送类似标签流量。这些流量虽然没有粉丝的精准度高，但是绝对比新号的泛流量要精准。

所以不管你的账号有没有粉丝，都会获得基础播放量，但是推送的精准度会有差别。而这会大大地影响作品的数据，也决定了视频能否被继续推荐。

> **Tips**
>
> 这就是一位用户打开 TikTok 都会看到不同的内容的原因，因为后台会根据他们的兴趣标签为他们进行量身定制的视频推荐。如果你账号的内容标签足够精准（前提当然是内容好），也会被推荐给精准的用户。

底层逻辑三：TikTok 的短视频流量池阶梯

```
TIER - 4 (第4层)  →  1M+ VIEWS (一百万以上观看量)
TIER - 3 (第3层)  →  50K-1M VIEWS (五万至一百万观看量)
TIER - 2 (第2层)  →  1000-5000 VIEWS (一千至五千万观看量)
TIER - 1 (第1层)  →  300-500 VIEWS (三百至五百观看量)
```

图 3-9　流量池层级分布图

这是一个粗略的流量池层级分布图，展示这个图不是为了限定几个层级、每个层级多少播放量，因为 TikTok 的后台算法更加智能复杂，并且会实时优化调整，我们没有办法将它当成一个公式去死记硬背。了解它的分级逻辑，是为了帮助你在看到自己的作品数据时心里有数：我的账号处于什么阶段了？我的内容力打磨得如何了？以及我的账号标签优化得怎么样了？以此来制定更加符合这个阶段的策略。

底层逻辑四：哪些数据能够帮助短视频突破更大的流量池

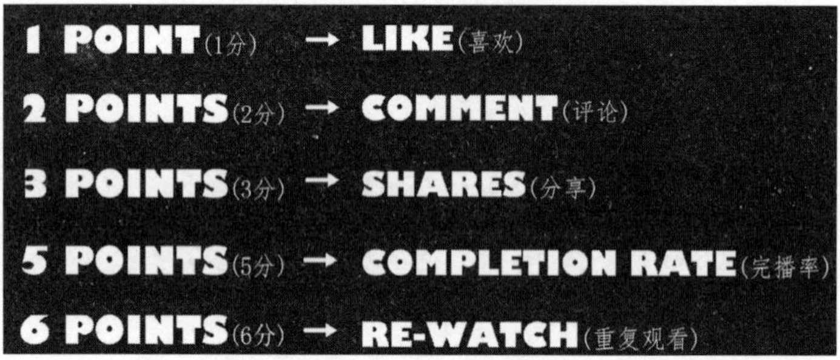

```
1 POINT (1分)    →  LIKE (喜欢)
2 POINTS (2分)   →  COMMENT (评论)
3 POINTS (3分)   →  SHARES (分享)
5 POINTS (5分)   →  COMPLETION RATE (完播率)
6 POINTS (6分)   →  RE-WATCH (重复观看)
```

图 3-10　帮助短视频突破更大流量池的数据

我们观察占分数最高的最后两项：完播率和重复观看，其实都是在指向同一个指标——这个作品能帮助 TikTok 留住用户多少时间。

所以要想尽办法拉长用户在我们的短视频上面的停留时间，我们越帮助平台留人，平台就会匹配越多的用户给我们，形成双赢的局面。

我总结了几个提升完播率的方法，在好内容的基础上，可以用这几个方法将完播率做二次提升。

（1）将最吸引人的文案放在视频最前面，并且用配音的形式展示出来。

比如：

"我花了 20 万美元买了一枚戒指，看看老公是什么反应。"

"跟我一起来看看 1000 美元一晚的酒店到底值不值。"

"我给女朋友送了这个礼物,她马上答应嫁给我。"

(2)将这个视频能给用户带来的价值在开头一句话展现出来

比如:

"一条视频教你如何画插画。"

"这条视频教你掌握中文基本发音规则。"

(3)将有价值的信息干货做成一张图片放在最后

比如:

美食教程视频,在开始便告知最后有菜谱配料表。

介绍如何识别好钻石的视频,在开始时便告知视频最后有钻石4C评定参照表。

(4)将视频内容总结成几个点,并在开始时强调最后一个最重要

比如:

"芝加哥最美的10个景点,最后一个是我的最爱。"

直接从TOP10开始,排到TOP1(前期可以从TOP5开始)。

这几个技巧,之所以称为"技巧",是因为它们并非影响完播率的决定性因素,最核心的原动力还是我们的内容力强不强。所以我需要温馨提示一下:**不要拿技巧当作救命稻草,它只是锦上添花而已。**

底层逻辑五：TikTok 作品的"延时引爆"

虽然 TikTok 的长尾效应比较短，但我们有可能会遇到作品"延时引爆"的情况：两三个月前发布的作品，现在突然又多了很多流量。

发布时因为账号定位和推送人群不精准，导致这个作品没有触发推送到下一个流量池。随着账号不断运营，标签不断丰富加深，账号越来越受欢迎，也会有很多粉丝点开账号主页查看其他的作品，这时视频的数据就会更新。如果更新后的数据触发了推荐机制，TikTok 后台就会再次给这个作品推荐流量。

这种情况出现还有可能是因为用户通过搜索找到了这个视频，进行观看互动，也更新了本条视频的数据，触发再次推荐。所以我之前提到过文案、话题标签都很重要，因为这会帮助你的作品有更高的概率被搜索到，再次获得流量。

以上就是我总结出来的 TikTok 短视频流量推荐算法的五大底层逻辑，我相信你在对算法有了解之后，就能够更清晰地明确短视频优化和努力的方向，取得更好的效果了。

第三节
TikTok 的起号阶段

请你带着这些问题来阅读本节：

1. 什么是 TikTok 账号"黑洞期"？
2. 该用什么样的策略面对和度过 TikTok 的"黑洞期"？
3. TikTok 账号起号阶段的更新策略是什么？

一个新账号在起号时（如果是某个垂类账号），会经常遇到一种情况：精心拍摄剪辑，发了几个视频，播放量很低；发了十几个视频，播放量还是很低；发了几十个视频，感觉起色也不大。这时候你有可能会灰心，会下一个结论："TikTok 真的不好做，那些说自己做起来的都是吹牛的吧！"然后把负责这一部分的人员调到别的岗位，放弃了 TikTok 这条路。

这就是"黑洞期"，98% 的人会因为没有熬过"黑洞期"而放弃，尤其是做垂类账号的商家。

一、TikTok 账号"黑洞期"的原因和时长

1. 为什么会有"黑洞期"?

在上一节 TikTok 的推荐算法中我提到:对于一个新号来说,TikTok 是"不认识"你的,不知道你做什么内容,也不知道该从这么多用户中挑哪些推荐给你。"黑洞期",就是一个不断优化 TikTok 给我们推荐人群精准度的过程。从完全不精准仅凭运气,到越来越精准的这个过程,就是一个"建模"的过程:它需要我们不断地发布好的作品,加上合适的文案标签,坚持一段时间并且不断调整完善。当模型建成了,我们就能度过这个"黑洞期"了。那时我们的作品再被推荐,用户人群就会精准得多。

所以当没有完成"建模"之前,我们一定会在"黑洞期"里面,任何账号都绕不过这样的过程。如果你暂时看不到结果,不要灰心,你不是没有成长,而是在扎根。

2. "黑洞期"有多长时间?

宠物类、搞笑类等这种粉丝较广泛的类别账号"黑洞期"会更短,而垂类账号,尤其是非常明显的卖货型商家账号,"黑洞期"会更长。

泛类别的视频作品更容易受到大众用户的喜爱,很容易承接住平台随机推送的 300~500 个播放量,只要作品好,收获好

的数据、获得高流量是比较容易的，几个作品就破百万播放量的案例也有很多。但是这样的账号通常会遇到一个问题：粉丝的商业变现价值较小，且变现的路径更长，也更难。

商家的卖货垂类账号就很难接得住随机流量。卖美甲产品的视频，就算做得再精美，也无法受到随机流量里面男性的喜爱，所以最开始还没完成"建模"时会遇到数据很差的问题。因此，这种类型的账号的"黑洞期"更长，通常是好几个月。但是这类账号一旦完成"建模"，粉丝的商业变现价值会更大，变现的闭环路径也会更直接。

影响"黑洞期"时长的因素有以下几点：

第一，短视频的更新频率和数量。每发布一个作品，就能筛选一部分精准的用户。当样本量达到足够多的时候，"建模"就能完成。所以你可以尽量多地产出内容素材，加快样本量的积累，就能更快地推动"建模"的进程。同样的内容，每天更新一条和每天更新两条的效果差别还是很大的。

第二，内容的质量和体系性。内容的质量不用多说，我们都知道，如果发布的内容无法吸引用户的注意力，就算发再多也没用，质量好的内容才有坚持下去的意义。还有一点需要注意，那就是内容的体系性。你发布的内容要紧扣你的用户画像、产品和商业模式。如果一个商家账号的目的是卖假睫毛，那就不能今天发一条精打细磨的美妆视频，明天发一条大制作的品酒视频，这样用户画像就全乱了，否则反而会耽误时间，迷失在"黑洞期"里面。这也是为什么当我发现我自己的账号用户画像出现问题时（比如女装类账号的粉丝出现了男性），我会让运营进行手动清理和优化，这是为了早一点让算法清晰我们的粉丝画像和标签，尽早完成"建模"。

二、如何更好地度过"黑洞期"？

虽然很多带货账号都会经历"黑洞期"，但是经过几百个账号的反复实践，我将我们团队的方法总结出来，并且将它们用于孵化跟我合作的中国企业出海项目中，帮助了很多中国企业的 TikTok 账号顺利地度过"黑洞期"，帮他们节约了至少一半的时间。

当你的账号处于"黑洞期"时，记得反复阅读和使用接下来这三个方法。

1. 给账号打上标签：明确目标用户画像，以及对应的垂类、泛垂类标签

很多账号迟迟不能度过"黑洞期"，就是因为商家自己都没有搞清楚用户画像，以及在这些用户身上还存在着哪些更大的共同标签。

比如你的账号卖的是首饰类产品，那么用户画像首先是女性，然后再延伸到 beauty（美妆类）、fashion（时尚类）这些类目。再分析用户标签，宝妈、职场女性、每日穿搭、护肤抗皱等也可以归属到你的用户画像里面。

你沿着这几个方向去测试内容和产品才不会走偏，也能更好地积累典型和精准的粉丝，让 TikTok 更正确地"认识"你的账号。

那么该如何才能给你的账号打上精准的标签呢？在这里我总结了五种打标签的方法，非常好用。

第一，我在本章第一节提到过的账号名和简介，越简单明确越好。

第二，视频的画面和文案的匹配要清晰精准。如果是画画类的账号就一直发绘画过程，同时匹配与画面相符的文案和话题标签，不断地重复加深。

第三，根据我们设定的目标用户画像的兴趣来设置内容。如果卖宠物用品，就挖掘"铲屎官"的共同兴趣点，并体现在每一条视频的第一句话中，这样很快就能圈一拨养宠物的粉丝。

第四，想尽办法让标签精准的用户完成购买行为。这一点是针对有 TikTok 小店的地区的，购买行为是给账号打上标签的重要途径，比点赞关注的权重更高。所以我们在小黄车售卖产品时，第一拨用户的标签十分重要，一定要想方设法引导标签准确的用户来购买，过滤掉不准确的人群。

第五，使用 Promote（抖+）付费流量助推。我们在投放 Promote（抖+）时，可以自定义人群，选择自己想要的人群进行投放，TikTok 就会知道"原来你想要这些人来看"。如果投放的效果好，这些标签就会加深，你的账号权重也会提升，因为这意味着我们的内容好，用 Promote（抖+）助推一下就被特定人群喜欢了；如果效果不好，就需要回头检查一下自己的问题：是不是用户画像有偏差？是不是内容力还不够强？

用好这五种方法，反复给账号打上正确的标签，就是走在了正确的道路上。

2."反向标签"的避免与修正

读完打标签的五种方法之后，你可能会有疑问：如果我卖的是首饰类的女性用品，万一遇到有男性看到这个产品，觉得可以作为礼物送给女朋友或老婆，这类粉丝我要不要去吸引呢？毕竟作为礼物可以打开用户的心理账户，买单更爽快。

这是个十分典型的问题，也是我们 TikTok 主播曾经掉进过的坑【第2坑】：有的主播在直播首饰时为了直播业绩，会用"男性朋友也可以买回去送女朋友或者送老婆"这样的话术。但是在账号初期，这样的做法是不妥的。起号阶段一定要避免不精准的人群涌入，这会让账号的标签出现问题，阻碍"黑洞期"的进程；但是当账号已经发展到成熟阶段，标签也已经非常清晰稳定时，发展这类客户是可以的。

在账号的起号阶段，我会专门让运营手动修正"反向标签"的粉丝：比如男性粉丝，我们会手动删除。因为 TikTok 会误以为一部分男性喜欢我的内容或者产品，会尝试着给我推送一部分这样的用户。可是我的产品大部分男性一定不感兴趣，如果真的推送了，只能降低我的完播率和其他数据，后台又会判定我的内容不好，因此陷入恶性循环，太耽误事了。

所以在这个阶段，我既会在内容定位上避免吸引"反向标签"的粉丝，又会手动修正这些粉丝，让我的粉丝标签保持清晰单纯。这样非常有利于给账号打标签，也就能够更快地度过"黑洞期"了。

3. 三大坚持：坚持培养网感，坚持更新内容，坚持优化内容

大部分人没有熬过"黑洞期"就放弃了，真的非常可惜。我之前带过一个学员，她做了一个卖首饰的账号，坚持了两个月，更新了50多条视频，但是因为一直没有出单，所以放弃了。我将"黑洞期"的原理讲给她之后，她仍然执意放弃，因为她觉得这个选品不好，想重启一个账号去卖钻石画。

她又做了两个月钻石画的账号，发现出单还是很难。有一天她来找我，问我为什么这么难，TikTok是不是没办法赚钱。我对她说："你现在登录上你最开始做首饰的那个账号看看，我再回答你这个问题。"

她打开那个账号之后很惊讶，粉丝多了1000多人，之前发布的视频收到了很多点赞、评论，并且有很多评论都是"在哪儿买？""多少钱？"这样的强购买意向客户。

那一刻她才深刻地体会到我当初为什么要说"黑洞期"这件事，也感受到了当初没有听进去我说的话执意要去踩坑的后悔。

焦虑的原因就两条：想做很多事，又想立即看到结果。但事实往往不是这样。我们一定要在艰难而正确的道路上坚持下去，"让子弹飞一会儿"。

三、起号阶段的更新策略

1. 视频发布时间与更新频率

我的策略是每天更新 2 条视频，发布时间固定在早 10 点和晚 10 点，对应我的目标市场（美国）的本地时间大约在早上 10 点和晚上 10 点（美国有 3 个时区，还有冬令时和夏令时，这里我就不做精准的描述了）。

你可以根据你的团队内容产能，将更新策略定在每天 2~3 条，并且确定一个固定的更新时间。时间的一致性会让你的分析养成习惯，知道每到这个时候你的账号就会有新的内容更新，帮助我们占领用户心智，同时建立品牌力。

具体的更新时间，参考你的目标市场的黄金时间，再换算成中国时间即可。

2. 为视频内容评定等级，投入不同的资源

我的每个账号都是每天更新 2 个视频，所以每周更新 14 个视频，特殊情况除外。对于这 14 个视频，我会叫团队人员根据我们自己的满意度、是不是成本更高的大制作，再结合视频发布后 72 小时的数据这三项因素，筛选出 2~3 条进行付费

投流,一旦出了百万次播放量以上的视频就给负责的员工"加鸡腿"。

如此做法反复循环,可以激励员工产出好的内容,也可以让账号持续不断地获得流量转化订单。我们要把广告费花在最值得投入的内容上,对吧?

本节最重要的事情就是带你深入地看清 TikTok 起号阶段有可能会经历的过程。同时,给出对应的解决方案,让你不再惧怕"黑洞期",有节奏有策略地尽快度过"黑洞期",完成账号的粉丝标签"建模",拥有商业变现能力。

第四章

如何获得TikTok巨大流量?

第一节
获取健康流量的前提：别中了流量的"毒"

请你带着这些问题来阅读本节：

1. 如何正确看待和使用流量？
2. 我们容易因为"流量焦虑"而踩哪些坑？
3. 你踩过哪些流量的坑？

一、流量是手段，不是目的

近两年在跨境领域有一个很常见的现象：很多人入局TikTok，"搞"了很多流量，也号称自己会"搞流量"，动辄百万次播放量，听着就很"上头"。但是一谈到变现金额和流量的可持续性时，却不怎么说话了。会"搞流量"是一个非常强的本事，但"搞流量"不是终点。流量只是让客户掏钱买单之前需要走的一个环节，但是不能为了流量而脱离我们的成交闭环，否则会踩大坑。

我们在"搞流量"的同时,要记住流量只是手段,不是目的。我们以终为始,才不会陷入"流量焦虑"和恶性循环。

二、容易因"流量焦虑"而踩的坑

我在最初做 TikTok 的时候也有"流量焦虑",有五个坑,我亲自踩过,并且真金白银地付出过代价。也是在我掉进坑里之后,才切身体会到:原来这是个坑!原来这样做是"自杀式"的虚假繁荣。(前两个坑在前文有所提及,这里就不再赘述了。)

1.【第3坑】为了"搞流量"而偏离商业模式

我在第三章提到过精准用户标签的重要性,我们甚至要在起号阶段为了使标签精准而手动删除不精准的粉丝。我之前为了"搞流量",什么火发什么内容,难免会脱离原有的商业模式和粉丝画像,给我们造成虚假繁荣的景象。点赞、评论一大堆,却很难变现出单。

账号一旦脱离了原有的商业模式,标签混乱,或者打上一些"反向标签",想再修正回来,花费的时间精力会比给新账号打标签更多,更加浪费时间成本、机会成本和金钱成本。

你可能听说过有些做国内抖音和 TikTok 的人提过"这个号废了,重新起一个吧"之类的话。除了因为账号违反平台规则被处罚外,还可能因为粉丝标签难以修正,整个账号已经偏离了原本的商业模式,即使已经有了几万、几十万粉丝,也有可能被舍弃掉。

所以做流量一定要紧扣商业模式，紧紧围绕着商业模式对应的精准粉丝群体，切忌为了虚假繁荣的流量而偏离商业模式，得不偿失。

2.【第4坑】内容力不够，拿付费流量来凑

经历了2022年"亚马逊黑天鹅事件"之后，很多跨境卖家开始转型做独立站和TikTok。但很多传统的跨境电商卖家习惯了投广告快速产出订单的方法，所以将这个方法直接搬到TikTok上。在还没有认真研究TikTok的内容逻辑之前，没有耐心精打细磨好内容，无法慢慢坚持提升内容力去度过"黑洞期"，于是寄希望于付费推流广告。总想着"免费内容我做不了，直接买流量总可以了吧！"，但事实证明这个思路是错误的，因为这是在与TikTok平台唱反调。

我前面说过，TikTok平台最需要的是用好的内容来留住用户，提升用户在TikTok上的停留时长，所以它会不断地根据用户的喜好推送内容，以此来留住用户，让用户不知不觉地沉迷其中。

但如果你的内容质量很差，用户不愿意看，你却专门花钱让用户来看，这对于TikTok来说意味着什么？意味着它收了你的钱，却损害了2000个用户的体验（假设你花了10美元买了2000个观看量）。用户很可能因为看了你的内容觉得没意思，就退出了TikTok这个App，跑去玩照片墙或者脸书，这对于

TikTok来说损失就太大了。

这就是为什么我在初期做过的一些账号，越投流量数据越差。一旦不投流，就只有几十个观看量。那是因为内容差，导致用户体验差。TikTok收了我们的广告费，是以损害用户体验作为代价的，无法形成双赢的效果。它一定不会在付费购买流量之外再多推一个用户观看，并且我的账户还会因为内容差而降低权重。

我意识到，付费流量应该是助推燃料，在内容好的基础上进行付费流量助推，才能得到双赢的结果。我们花钱买观看量，用户看了之后喜欢、点赞、收藏、点关注，拉长了用户停留时长，帮助TikTok提升了用户体验，这才是双赢。

后来实践证明，对于内容好的作品，经常会遇到我只买了2000观看量，却多了几万浏览量的结果，这就是我说的助推。

所以我们不能只靠付费流量，没有好内容作为基础，付费流量是救不了我们的。内容力是我们永远都没办法绕过去的一关。

3.【第5坑】买粉买赞

每一个平台都会有"服务商"提供各种刷赞刷粉服务，也有很多人想走捷径花钱购买。在这里我要用亲身经历告诉你：这是一条非常错误的路！

首先，买的粉是随机粉，会一下子搞乱我们的用户标签，让TikTok在为我们推荐流量时不知道该如何推荐，又回到了最初的随机流量，这个"黑洞期"永远过不去。

其次，TikTok 会将我们新发布的视频作品推荐给一部分粉丝，如果买的假粉丝刷到了我们的作品却没有真实观看和停留，又或者这些假粉丝都是机器号，TikTok 后台会判定这条作品粉丝的观看率很低，观看时长也很短。后果就是：要么被认定这个作品内容很差，连粉丝都不愿意看；要么是你的粉丝有问题，可能是刷出来的。无论是哪一种，都会被降权或者处罚。

总之，用买粉的方法非常伤号，很有可能会把账号直接废掉，但一定不会让这个账号一下子火起来。我曾经买过粉的账号现在基本上全废了。所以，千万不要因为想走捷径而买粉买赞，这是个超级大坑。

4.【第 6 坑】为了涨粉疯狂关注别人引起回关

我见过不少"聪明"的学员希望用互关的方式为自己涨粉，我曾经也做过这样的"大聪明"。虽然说这个方法比直接买粉好一点，但是也有很大的问题。

第一是粉丝标签问题：互关来的粉丝一般都不精准，这样会乱了自己的用户标签。如果你有十足的把握，关注的全部都是标签精准的人，但是让这些人出于礼尚往来而回关，还不如通过好的内容去引起这部分人的关注。

第二是推荐机制的问题：在 TikTok 后台算法中，"粉丝"和"朋友"的权重是不一样的。粉丝指的是单向关注我的这部分人，而朋友指的是我们互相关注的这部分人。朋友观看我的视频，完播和点赞的权重比粉丝更低，因为会有"人情分"在里面；而粉丝的完播和点赞更能说明作品本身很好。

所以用这样的方式吸引来的粉丝，并不会帮我们从根本上提升账号的流量和权重。有这个时间、精力，不如多研究、打磨，提升自己的内容力，这才是核心能力。

5.【第7坑】搬运他人的作品到自己的账号

搬运国内火过的视频到国外，这是早期一波做TikTok人的做法，我最早做TikTok时也用这样的方法获得过很多流量。但是很快，我就不再用了。

第一，我们侵犯了原作者的权利，用这样损人利己的方式获得的流量和利益，内心无法得到真正的成就感和内啡肽。

第二，搬运他人的作品，会受限于原作者的"产量"。比如你搬运的是某个狗狗博主的视频来卖宠物用品，看似很轻松，但是当你把这个博主的视频全部搬运完之后呢？你只能盼着这个博主快点更新。如果他出去旅行了不更新呢？你再去搬运别的狗狗？你的粉丝不会怀疑你是在剽窃别人的作品吗？丧失了粉丝的信任，一定会折损转化率。

第三，搬运作品，很有可能会遇到这条视频已经被别人抢先搬运了的情况。如果你没有做好二次剪辑，TikTok平台就会"查重"你的作品而判定违规。作品是零播放不说，多几次这样的情况，你的账号一定会被降权或者封号，这些时间就白搭了。

第四，侵权赔偿原作者。现在国内越来越多的创作者也学会了 TikTok 的玩法，希望将自己原创的作品同时发布到 TikTok 上吸引国外用户的关注。当原作者发现，居然有人将自己的作品搬运到 TikTok 上，他一定会为自己维权。只要平台查证属实，轻则封号，重则原作者会主张让你赔偿损失。我们不仅什么都得不到，还会面临赔偿的风险。

没有一招奏效这种事，健康的流量都是靠一点一滴积累而来的。这五个坑，都是披着糖果外衣的，诱惑着我们。我都走了一遍之后，发现所有的捷径都是有代价的。走捷径的代价，往往比踏踏实实做好自己的成本更高。今天我在这里将无数"先驱"（包括我自己）踩过的坑都解析了一遍，希望你不会中了流量的"毒"。

> **Tips**
> 对于"有毒"的流量，我们不仅不能去获得，还要在自己认真做账号的同时将它们手动清理掉。

第二节
如何利用"短视频超级滚雪球模型"
获得 TikTok 巨大流量？

请你带着这些问题来阅读本节：

1. 什么是 TikTok "短视频超级滚雪球模型"？

2. TikTok "短视频超级滚雪球模型"的要素之间是怎样相互作用的？

3. 如何产出优质内容？

我们在账号完成起号，度过"黑洞期"之后，最关注的问题就是如何才能引爆自己的短视频，从整个 TikTok 平台获得巨大的流量。

我曾经简单地列出过一个清单，上面写着所有对流量有帮助的因素。但我在做中国企业出海项目孵化的时候发现，我只是将这些因素简单列举出来，不讲清楚内在逻辑，既不容易让我的学员完全记住，也不利于他们合理地安排项目资源的分配。

于是我将自己团队做账号的经验反复提炼总结，拆解上百个 TikTok 账号，将这些有效的因素按照角色和作用归类，提炼出了一套独家的 TikTok"短视频超级滚雪球模型"。再将这个模型在我的新账号上不断实践，用于学员的一对一指导和企业项目孵化合作中，都取得了不错的效果。

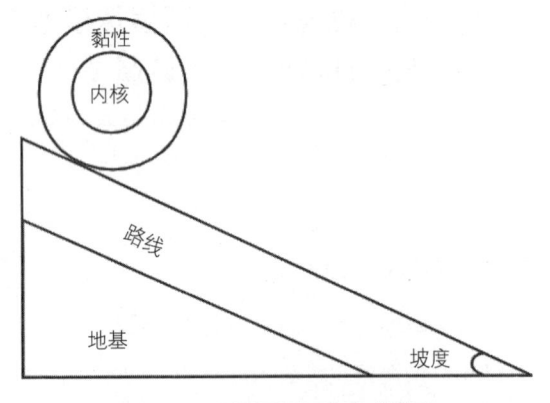

图 4-1 短视频超级滚雪球模型

这个模型中包含了五个核心要素：地基、路线、内核、黏性、坡度。这 5 个要素相互作用、缺一不可，各自承担着自己的职能，组合起来就构成了这个帮助我们获得 TikTok 巨大流量的"短视频超级滚雪球模型"。我们来看一下这 5 个要素分别代表什么，以及在整个模型中起到什么作用。

一、"滚雪球"的地基：健康的账号状态

地基就是前提和基础，以及不能踩的红线。我们发布的

内容不能违反法律法规、侵害他人利益、对社会有负面影响。平台对于这方面的内容管控非常严格，一旦我们出现了违反TikTok平台规则的行为，平台会立刻进行处罚：限流、封号或者更严重的责任追究。

我相信你不会去发布这类内容，但是有几种一不留神就可能出现的违规行为，你可以尽量有意识地避免。

第一种情况：【第8坑】TikTok的下载安装运行的方式错误，导致被系统后台识别出异常；

第二种情况：【第9坑】在使用供应商提供的产品展示视频时没有做剪辑处理，也没有发现已经有其他账号在TikTok发布过同样的视频，被系统查重；

第三种情况：【第10坑】在剪辑视频时使用了TikTok没有版权的音乐，被系统判定音乐版权侵权。

避免上述问题，让账号处在正常和健康的状态，就不会在"地基"的层面为我们获得流量造成阻碍，也不会因为受到平台处罚而前功尽弃。

二、"滚雪球"的路线：正确的账号标签

正确的账号标签，就像是将你的"雪球"放在一大片刚下满雪的蓬松的滑雪场上，只要你滚动"雪球"，滚动过的地方都会沾上新的蓬松的雪，让这个"雪球"越滚越大。如果账号的标签不正确，就相当于将你的"雪球"放在草坪上、沙漠上，

没有白雪，就算沾上了青草和沙土，也没办法越滚越大，还会弄脏"雪球"。

我在第三章第二节详细讲述了给账号打标签的5个方法，如果你还没有完成这一步，可以按照第三章的方法帮助账号打上标签。在这里，我要继续教你如何判断你的账号是否已经成功地打上了标签。

用一个新的账号进入你的账号主页，点击"关注"，这时下面会出现一排"建议关注的同类型账号"。如果下面出现的账号与你的账号类型相同，说明账号的内容标签已经成功地被TikTok后台系统识别，并打上标签了。

比如，这个账号是做珠宝的，点击关注之后，出现的推荐关注也是这个类型的，如下图所示，说明图上的这个账号标签已经成功打上了。

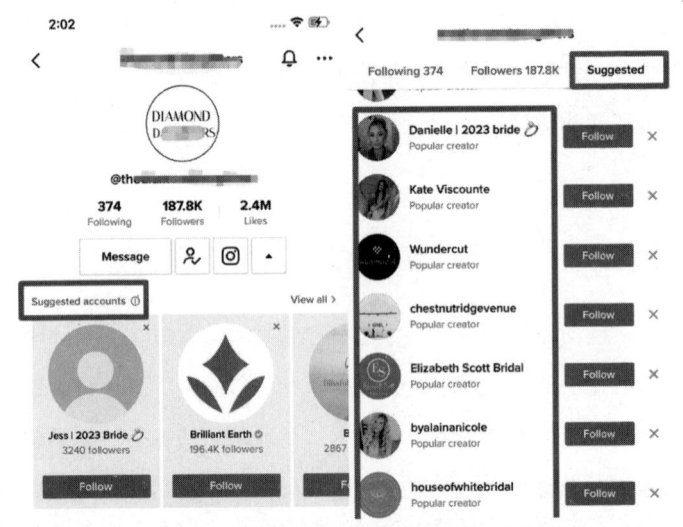

图 4-2 怎样判断账号已被成功打上标签

你可以用这样的方式来检验自己的账号是否成功打上标签，如果没有，就继续按照第三章第二节的方法踏实地优化自己的内容，直到成功。

三、"雪球"的内核：能给用户提供的价值

内核，是我们能捏一个成形的小"雪球"必不可少的力量，在 TikTok 中，就是这个账号或者视频能给用户带来的价值。如果你的视频没有任何价值，"雪"就是散的，没办法凝聚成"球"，更没办法越滚越大。

我总结了几个 TikTok 账号通常会为用户带来的几个价值。

第一种价值：情绪价值。大部分 TikTok 用户使用这个 App 都是为了娱乐消遣，情绪价值也是用户最想要得到的价值。能让用户感到开心、轻松、解压、刺激、过瘾、愉悦、悲伤、紧张、赏心悦目、温暖治愈等情绪价值，用户就愿意在你的视频上多停留，反复观看，点赞收藏。

我在做美区账号的时候，将卖货和解压这个情绪价值相结合，效果非常好。下面这张图是我们做美甲的账号，不管是短视频还是直播，我们都用很大颗的亚克力钻铺满全屏，然后不断地玩这些亚克力钻，就像我们小时候喜欢玩超市的大米一样。在玩钻的过程中，会出现哗啦啦的声音，这种声音非常解压，再配合这个画面，就是双重解压。这个账号无论是短视频还是直播间，人气都很旺。我们经常会收到这样的评论：

"这个声音真的太舒服,太解压了!"

"我喜欢这个画面,喜欢这个声音!"

情绪价值就是流量密码,尤其是解压,在美区非常好用。每次遇到账号流量的瓶颈期时,结合情绪价值做调整总会有惊喜。

第二种价值:社交价值。TikTok 是一个社交媒体,用户们除了跟自己的朋友互动,还有一个很大的需求是认识一些有意思的博主,关注他们,经常看他们的内容。如果你做的是达人账号,你可以将自己最擅长的地方表现出来,就会有很多喜欢你个人风格的人关注你。如果你做的是 TikTok 商家卖货账号,则可以设置一个"创始人 IP",让用户想要认识这个有血有肉的人。

图 4-3　美甲账号拍摄画面

比如我做油画账号时找了一个美国人以"创始人"和"画家"的形象作为主人公来拍摄短视频,同时聘请他来直播画画。用户会因为想要认识一个老板或者画家而关注这个账号,并且有跟这个真人 IP 互动的强烈意愿。如果没有这样的一个人设存在,互动率和关注率一定会下降很多。外国人也有社交需求,尤其是向上社交。

第三种价值：导购价值。我在第一章第四节深度分析过兴趣电商，很多用户本没有购物需求，但是喜爱购物和好物。当你的视频和直播可以为他们提供眼前一亮的好物分享时，他们会十分惊喜，并且非常想要了解在哪里可以买。而且现在不少用户已经非常喜欢在 TikTok 上寻找自己的购物灵感。

即使你是纯卖货的商家号，只要你的产品足够好看惊艳，就能为用户提供非常直接的价值。比如，我们在珠宝带货账号上展示大颗黄钻，引来很多粉丝直截了当地询价。

图 4-4　珠宝带货账号展示大颗黄钻

第四种价值：学习价值。就像我们在抖音上会关注知识博主一样，TikTok 上面也有分享各类知识和技能的博主。很多对外汉语专业的老师做了教外国人学习中文的 TikTok 账号，大受欢迎。还有一些技能类的教学，比如教大家剪辑视频、制作PPT、老照片修复等。用户发现这个是自己需要的或者感兴趣的内容时，就会完播并且关注，甚至会购买课程。

不管是哪一种价值，都可以作为"雪球"的内核。有了这个内核，就能够凝聚成最开始的那个小"雪球"，配合正确的"滚雪球"路线，将"雪球"越滚越大。

> **Tips** 以上这四个价值可以组合使用，比如商家最常用的组合是导购价值 + 情绪价值。

四、"雪球"的黏性：优质内容

优质内容会让"雪球"具有很强的黏性，在雪地里面滚的时候黏上更多的"雪花"，并且黏得很紧。因为好内容会带来完播率、互动率等数据的提升，从而触发 TikTok 推荐机制将视频推到下一个流量池，就好比"雪球"不断地黏上新的雪花一样。

除了完善我们的十大内容库以外，我还总结了三个提升视频内容质量的方法。

1. 参考对标账号和视频

在做任何类型的账号之前，都需要下功夫寻找和学习同赛道的对标账号和视频，并且对这些内容做细致的拆分，总结出可以复制的部分，想办法用在自己的账号或者内容上。

寻找对标案例，就是学习在这个赛道上已经被 TikTok 各种机制千挑万选出来的好作品。如果你的作品有独特风格，自成一派这自然好。但一般来说，不找对标案例的账号会在内容的打磨上走很多弯路。而向本赛道的优质内容学习，结合你自己的产品做内容，更容易找到流量的突破口。

另外还有一个寻找对标案例的好办法：在TikTok上查看近期最火的话题，看看哪些话题可以跟我们的主线内容产生关联。但是不要硬拉关系，容易让账号标签错乱。

2. 优化视频画面

第一，短视频最吸引人的是画面，不同的画质、清晰度、色彩度、比例，会给用户带来不同的第一印象。对于画面差的视频，用户连看懂你在讲什么的耐心都没有就会直接滑走。如果想用手机拍摄出真实生活的"毛边感"，就要注意调整画面比例、色彩等其他抓眼球的因素。

第二，视频的前两秒是最重要的，一定要将最好的东西放在最开头。如果是商品展示类视频，就在开头给出最惊艳的产品画面。如果你不知道如何做好前两秒，就从你制作好的视频里挑出你觉得最棒的2~3秒复制出来，拉到最前面。

第三，好好利用视频结尾的画面。一方面是峰终定律，我们需要在视频最后给用户一个峰终体验，就是在给他们一个点赞的理由。我会在画面或者文案里面专门在结尾处安排一个"点赞时刻"，一般来说是一句能戳中用户"爽点"引起共鸣的话。我做过数据统计，设置点赞时刻和不设置点赞时刻的点赞率差距很大。另一方面是提升转化率，我在做带货视频时喜欢在视频的片尾用"纯黑底＋行动指令"的方式，让用户在看完一番美轮美奂的产品画面之后，突然将注意力只聚焦在购买或者关注的指令上，转化效果往往更好。这一点我在运营力里面专门讲过，就不再赘述。

3. 严选音乐和音效

好的音乐和音效会给视频加分很多，不仅是视频效果，视频的流量也会因为这个听觉因素受到很大影响。如果将手机音量调至静音，很多用户刷不了多久就会关掉 TikTok。

第一是音乐。音乐不能侵权，这个我前面提到过，否则会影响我们的播放量，降低账号权重，并且作品无法投放付费流量。在此基础上，我们可以通过给自己的视频添加当下 TikTok 最火的热门音乐来提升视频的播放量。

第二是音效。音效是一个非常好用的流量密码，我前面说到解压的情绪价值，就需要音效来达成。撕开标签的声音、拉拉链的声音、用指甲敲打物品的声音等，这些音效的添加，会让用户不自觉地沉浸其中。国内抖音很多沉浸式作品就是这样，用解压的声音配合优质的画面，受到很多用户欢迎。这一点在 TikTok 上面效果也很明显。除了解压音效，还有搞笑的、整蛊的、惊喜的、窘迫的，等等，都能够在我们制作内容的时候放大视频效果。我专门让剪辑团队收集整理了最受 TikTok 用户欢迎的音效库，制作视频的时候随需随用，既方便高效，又能提升视频质量。

4. 巧用流量产品

好的产品是自带流量的，因为它能给用户导购价值。我们能够很明显地发现，不管是短视频还是直播，在用户标签已经打上并且顺利度过"黑洞期"的前提下，不同产品的流量有很大差别。我换了很多账号测试，有些受欢迎的产品，换个新账号依然受欢迎，没流量的产品则一直没流量。

我孵化的一个做首饰的项目，起初负责人选了 30 多款产品，但是短视频和直播的流量一直都没有起色。我看了他们的产品和视频，我的网感告诉我，这些产品的样式也许不是美国人喜欢的。于是我建议他们多选一些款式，不管是短视频还是直播间，都一款款地测试流量。果然在 200 多款首饰里面测出了第一级流量 5 款、第二级流量 10 款、第三级流量 10 款。我帮助他们制定了八二策略，就是八成流量款 + 二成新款（测试新款，给老客户复购理由），结果不管是短视频还是直播间，流量都提升了不少。

五、"滚雪球"的坡度：好的付费流量策略

最后是"滚雪球"的坡度，也就是我们可以利用付费流量策略来助推。我在第二章第三节获流力和第四章第一节关于付费流量的作用和正确使用的思路中提到过，我们要将付费流量当作一个非常好的助推力量，用付费流量的杠杆加速我们积累正确标签，再将视频推向更大的流量池。

所以在这个模型中，付费流量就是用杠杆撬起来的坡度，让"雪球"在一个稳固的地基、正确的路线、强大的内核、优质的黏性的基础上，从一个有坡度的山上往下滚，为我们将"雪球"迅速变大起到"重力加速度"的助推作用。

想要获得TikTok短视频的巨大流量，就要得到一个个大"雪球"。我用一个动态的"滚雪球"模型演绎了"雪球"从小变大的全过程和影响因素。我们运营TikTok账号，就是实现"雪球"从无到有、从小到大的过程。深刻理解这个模型，并一个个落实在自己的TikTok账号上，不断复盘，不断优化，然后就可以静待花开，等待巨大流量的来临了。

第三节
获得 TikTok 巨大流量的五大升级组合拳

请你带着这些问题来阅读本节：

1. 有哪几种获得 TikTok 流量的方法？
2. 该如何巧用评论区抽奖来帮自己的账号引爆流量？
3. 如何获取 TikTok 上的搜索流量？

上一节的内容是理解在 TikTok 上获取流量的完整闭环，以及哪些因素在里面起到怎样的作用。在这一节，我会给你几个"搞流量"的大招，每一招用好了都能有事半功倍的效果。但用之前有一个重要前提：需要在你的账号"短视频超级滚雪球"模型已经建立起来，并且是在能够游刃有余运用的前提下，才能发挥奇效。如果没有建立和运用好"短视频超级滚雪球"模型，甚至连账号的"黑洞期"都没过，这些大招的效果就会大打折扣，也会浪费你的时间，挫伤你的积极性。

在这一节里，我会将自己对这五大招的理解、拆解、落地都分享给你，我称它为：TikTok 流量五大升级组合拳。

第一招：发起作品挑战

在 TikTok 里面搜索"挑战"，能看到很多博主和商家给出过的有意思的挑战任务，并且设置了挑战期限、成功的判定标准以及成功之后的奖励。这种任务会吸引自己的粉丝和新的用户参与进来，提升视频的完播率、互动率等数据，将视频推向更大的流量池，还能因此增加很多粉丝。

在给出挑战任务时需要注意以下几点：

1. 设置的挑战要与自己的产品或者内容有关联，比如卖泳装的发起泳装挑战，卖礼服的发起礼服挑战，做风景账号的发起旅行挑战，等等。这样才能吸引标签正确的人群。如果挑战和自己的账号不相关，即使很多人关注参与，这个账号的标签也会被改变，想改回来很麻

图 4-5 有意思的挑战任务

烦，得不偿失。

2. 设置的挑战需要控制微妙的难度系数：不能是太简单的，没有挑战的感觉；也不能是太难的，没人会愿意尝试。要将这个度控制在努努力有希望达到，但又不会是太多人能达到的区间。这样用户愿意参与，达成挑战之后会有一种荣誉感，也愿意将这样的成就分享给自己身边的人。因为我们愿意分享的不是别人的产品，而是自己的高光时刻。

3. 设置挑战时需要给出一个有诱惑力的奖励，让大家有很强的动力去争取这个奖励。对于商家来说，最好挑选既独特，成本又不高的东西作为奖励。比如：如果你成功完成挑战，我们将把你最美丽的样子刻在这条纯银项链上，并加上"××挑战成功"的字样送给你。

图4-6　给出有诱惑力的奖励

> **Tips**
> 定制类的产品同时具有产品的使用价值和情绪价值，更容易提升用户心中的价值感。

你可以根据自己的产品和粉丝的兴趣爱好来设置符合你的账号的挑战，在有一定的粉丝基础的情况下，这样的挑战很容易引起用户通过 UGC（用户产生内容）的方式帮助你拉数据，让 TikTok 判定你的作品很受欢迎，从而推给更多有相同兴趣的人，让你获得更多流量。

第二招：借助相似达人的力量为自己引流

对标账号还有另一个用处：用合理的办法引起该账号粉丝对自己的关注。

第一，通过 TikTok 搜索与自己最相关的话题和标签，找到跟自己账号粉丝重合度高的作品，跟这个作品合拍。这样做不仅能告诉 TikTok 你跟这个达人的账号类型是一致的，你们的粉丝群体很像，从而强化你的标签，还能在对标达人的粉丝搜索这个达人的视频的时候，提升搜索到你的概率，因而再次获得曝光量。

第二，多跟相似达人或者相似账号进行互动，引起他们的粉丝对你的账号的好感与关注。比如一条很火爆的视频，点开评论区找到一些有意思的评论，给他的评论点赞，并回复"你的评论太赞了！我也是这样觉得！"之类引起共鸣的话，对方有可能就会来到你的主页看看你的作品。但是这个方式做起来很费时间，如果没有很好的文案，在评论区互动就没有什么效果。所以这个方式仅仅作为一个补充方法，当其他的方式全部都做了之后如果还有时间，可以尝试。

第三招：超级大招——giveaway（评论区抽奖）引爆流量

1. 什么是 giveaway？

giveaway 的意思就是给粉丝抽奖赠送奖品的活动。比如我是一个卖莫桑钻的商家，我发布一个活动公告：所有的粉丝（需要点关注），只要给这条作品点赞，并且@好友（或者转发），就有机会免费获得原价 300 美元的 1 克拉 D 色 VVS1 净度八心八箭切工的莫桑钻戒一枚，我会在符合条件的粉丝里面抽取一位，中奖之后仅需支付 10 美元邮费即可免费获得。

这个活动公告发布之后，很多粉丝都会积极参与，也拉

图 4-7　giveaway 活动

着自己的朋友参与，人气就能暴涨。每周做 1~2 次这样的活动，就能引来一拨又一拨新的粉丝关注。那些中奖的用户，也可能非常积极地将产品和中奖记录发布在自己的社交媒体上并@商家。

giveaway 活动跟我们国内抖音中的福袋逻辑相似，就是送礼物拉人气。但是 giveaway 可以持续好几天，等人气高了之后再开奖。

2. 为什么 giveaway 是一个超级大招？

知道了什么是 giveaway，接下来我带你一起感受一下为什么它是一个超级大招。

第一，提升粉丝黏性。这对于一个已经有粉丝的账号来说，本来就有可以吸引客户的价值，比如好的内容、好的产品或者好的人设。在这个基础上再送福利，就会获得更高的好感度和粉丝黏性，粉丝的参与度也会很高。

第二，拉高各项数据，将作品推向更大的流量池，吸引新粉丝。我们在设置 giveaway 的时候通常会设置几个条件：点赞＋关注＋特定评论或者分享。这几个条件直接增加了我们视频的数据，同时也促进了参与者用他们的社交圈传播。我们可以同时触发两个强力增长机制：TikTok 的流量池推荐机制＋粉丝社群裂变机制，双核驱动流量增长。

第三，巧用 giveaway 可以将成本降到极低。我孵化的企业负责人和我的粉丝，都会在我为他们设计这个方案时问我一个问题："给粉丝送礼物，这个成本会不会很高？是不是很难持续？"其实只要你理解了我之前讲的产品力的精髓，这个问题不但不会困扰你，反而会成为你可以持续使用的大招。

我前面举的例子，赠送日常价 80 美元的莫桑钻戒指，其实我的成本是 40 元人民币。加上国际快递（7~14 天）的费用 30~40 元人民币，即成本总共 70 元钱，约等于 10 美元。但你可以看一下我的领奖规则："中奖之后仅需支付 10 美元邮费即可免费获得"，这个规则对于粉丝来说很能接受，因为美国的邮费日常就是 10 美元左右；对我来说更能接受，因为我的产品加运费的成本也是 10 美元左右。相当于我没有怎么花钱，就换来了这么多的曝光量，这么多的免费宣传，这么大的流量推动力。

不仅仅是这个产品，像泳装产品，可以说赠送日常价 69 美元的泳装，但其实加邮费的成本才 8 美元；像纤维灯，可以说赠送日常价 18 美元的灯，但其实加邮费的成本才 9 美元。紧紧抓住我在产品力那一节给你说的底层逻辑，结合这些流量营销方法，则力量无敌。

免费，就是将免费商品的成本进行转移。 现在是不是能够体会到，我为什么说这是一个超级大招了？

> **Tips**
>
> 给你一个公式，在设置你自己的 giveaway 活动时，参照这个公式来：关注 + 点赞 + 评论特定内容 + 转发 / 分享 = 获得抽奖的资格。

第四招：TikTok 的 SEO（搜索引擎优化）

SEO 指的是关键词搜索，一般用于搜索引擎的关键词搜索优化。随着 TikTok 越来越受欢迎，用户们被 TikTok 启发了很多生活方式，比如娱乐、美食、旅行、运动健身等。习惯了被输入这样的内容之后，在遇到自己感兴趣的问题时，用户有可能会在 TikTok 的搜索栏里自己寻找答案。

比如："洛杉矶有什么好吃的日料？"搜索出来的结果不仅有答案，还有达人去探店的视频。用户点开视频，能具体地感受到自己是否真的想要去试一下。TikTok 的用户越来越多，用户习惯的培养也就越来越成熟，那么 SEO 的搜索流量也就会越来越多。

TikTok 的 SEO 需要我们在账号介绍、视频中的文案、发布视频时匹配的文案、话题这些部分反复添加，匹配我们用户画像的关键词，并且有意识地提升关键词密度。同时，在与其他网红达人互动时，互相带着关键词进行转发互动，等等。让 TikTok 平台认为在某个特定关键词下，你发的视频就是最好的内容。当用户搜索这些关键词的时候，你的作品就会被排在前面，同时用户也会因为你的作品排在前面而认为你的账号是有品牌力的，给你的产品更多的信任基础。

做 SEO 是一个日积月累的事情，虽然见效很慢，但是一旦有了效果，流量就会源源不断地主动找上门来。功夫下在平时，你在每一次发布作品时都需要带着 SEO 的思维去编辑文案，反复强调与你的产品最相关的关键词。当你的作品受到用户欢迎时，平台就会提升你的搜索权重。

第五招：TikTok 矩阵账号

当你将一个账号的商业闭环跑通，测算了 MVP（最小化可行闭环），核算了成本利润率，也验证了产品和市场之后，如果认为这个路线已经被打磨好了，可以进行复制，然后则可以安排矩阵账号来扩大规模。

关于做矩阵账号，有两个注意事项。

第一，一定是打磨和验证好闭环之后再做矩阵账号，如果没有跑通，或者产品测出来不行，则需要重新进行 MVP 测试，不能把矩阵账号当作雪中送炭拯救自己的药，它只适用于锦上添花。

第二，做矩阵账号不是将之前发布过的视频再发一遍，而是将你的产品赛道进行更精准的人群分类，然后每类账号做一个。比如说我有一个做魔术课程的账号，在跑通闭环之后做矩阵号，就是分人群来做的：约会魔术、亲子魔术、职业舞台魔术，分别用三个账号来做这三类人群不同的垂类账号，更利于账号打标签和成交转化。

关于矩阵扩量模式的适用前提和具体操作方式，我会在第七章企业出海里面做系统讲解。

以上五个大招，在"滚雪球"模型的基础上，打成一套组合拳，能帮助我们更快、更好、更精准地抓住 TikTok 的巨大流量。TikTok 的流量增速迅猛，我们也要提升自己的能力，抓住更多的流量，实现更大的商业价值。

第五章

TikTok直播带货怎么做?

第一节
如何开启 TikTok 直播带货

请你带着这些问题来阅读本节：

1. 该如何选择 TikTok 直播带货的国家或地区？
2. 如何拥有 TikTok 账号的直播权限？
3. 在 TikTok 直播带货前，需要做好哪些准备？

国内抖音的直播电商已经有了非常好的发展，而 TikTok 在海外的直播带货仍然处于起步阶段，有很大的增长空间。那么，我们究竟能不能像国内抖音那样去做直播带货呢？国外用户会不会为这样的卖货形式买单呢？如何才能拥有 TikTok 账号的直播权限？直播的流量获得跟短视频是一样的逻辑吗？本章就带你一一了解。

一、如何选择 TikTok 直播带货的国家或地区

在前面关于短视频起号的章节中我讲了如何为账号选择归

属地的逻辑，在本章讲直播之前，还要再一次提出地域的选择问题。因为TikTok直播的地区选择除了需要考虑之前短视频的那些因素以外，还需要额外考虑一个关键因素——成交场景。

常见的TikTok直播带货的直接成交场景有两个：TikTok Shop（小店）小黄车成交、TikTok主页跳转独立站或者第三方平台成交。我们选择不同的地方，成交的场景也会有所差别。

目前TikTok开放测试闭环小黄车的市场有英国、东南亚、美国等地区，美国也有可以跳转至Shopify（独立站的建站平台）成交的小黄车。TikTok会逐步开放全球市场的小黄车带货，让TikTok电商更加便捷。

那么该选择做哪个地区的带货呢？有几个思路可以参考（TikTok正在逐步开放，所以我不会直接告诉你该选哪个国家，而是告诉你该如何选择国家。不管你看到这里的时候已经开放了多少个地区的小黄车，你都可以用这个方法进行选择）。

1. 如果你还没有选好产品，且你的前期资金投入比较有限，那就选择已经开放小黄车的地区。因为小黄车的直接成交转化率一定比其他方式更高，并且不需要花费太多的预算、人力和周期去建立独立站等成交的平台，直接在TikTok小店里面就能完成成交闭环。

2. 如果你计划投入较多的预算，带领整个团队，愿意花费半年到一年的时间建立自己的品牌，除了TikTok也做多渠道营销，做一个可持续发展的品牌独立站，踏踏实实建立自己的品牌壁垒，那么就结合自己的独立站产品做好市场分析，做好全球的市场战略部署，并在对应的市场上布局TikTok视频带货和直播带货。

3.如果你已经确定选品，并且很执着地想卖这个产品，就结合市场数据来选择地区，并且要在TikTok上进行反复测试，再来选定区域。

4.结合TikTok的扶持政策来选定区域。TikTok在2022年相继给出了英国地区和东南亚地区的直播带货扶持政策，有的是针对所有品类，比如物流补贴；有的是针对特定品类，比如穆斯林服装等。我们选择做TikTok带货的区域，如果符合官方的扶持政策，当然会对项目的发展更有利。但是TikTok的政策变化调整很快，需要时时刻刻关注，保持学习和成长的心态，这样才能与平台同步，把项目做得更好。我也会要求自己和团队每周花时间去学习和了解TikTok的最新政策和动向，帮助我们随时做出最好的决策。

直播带货的区域没有选对，就像短视频运营没有选对目标市场一样，做起来阻力会更大，难以看到希望，最后坚持不下去。我遇到过很多学员，他们盲目地选择直播带货区域，没有整体思路，做到半路了才发现这些问题都没有解决，继续做也不行，放弃又可惜，卡在中间很为难。所以，这是一个很重要的前提。

二、如何拥有TikTok账号的直播权限

直播权限不是每一个新账号都天然具备的，需要在一定条

件下才能开通。

第一种：入驻 TikTok Shop（小店），成为小店商家，即使是零粉的新账号也可以直接获得直播的功能，可以直接开播带货。

第二种：不开通小店，或者 TikTok 还没有在本地区开展小店服务的情况下，当账号拥有 1000 个粉丝，就会拥有直播功能。

第一种情况就是非常直接地开小店带货，用户在小店完成购买行为，变现路径简单干净。第二种情况的适用情形更多也更灵活：可以是引到主页独立站链接购买，在照片墙私域聊单，又或者是达人直播收礼物，等等，都要通过 1000 个粉丝来获得直播权限。你可以根据你选择的目标时长和商业模式来获取直播权限的方式，满足任何一个都可以拥有直播权限。

Tips 这里一定要再次强调，不要为了直播权限去买粉丝，不然即使开播了流量也会很差！

三、如何做好 TikTok 直播带货的准备

选择好带货的地区，做好了账号的运营基础，也获得了直播权限，接下来就是要做好直播前的准备工作：直播间的场景搭建，直播话术的准备，成交平台的准备，等等。下面我们一个个来看。

1. 直播间的场景搭建

直播间的效果很重要，客户第一眼看去能不能被我们的产品吸引，决定了他是否会在直播间继续停留。而客户停留时长则是 TikTok 是否继续给直播间推流的重要因素。

直播间有多种展现形式：真人出镜展示、手播（仅展示手拿着产品的画面，不露脸）、镜子播（既能够近距离展示产品细节，又能够在需要的时候展示主播使用产品的效果），等等。根据产品的展示效果选择适合的直播形式，然后配置专业的灯光、收音麦克风等设备，再把直播间的背景布置、样品摆放的细节参考对标竞争对手进行调整，尽量优化画面效果。

2. 直播话术的准备

TikTok 是个新的领域，跟国内抖音比起来，现成的主播不太好招。再加上有英语这个技能门槛，很多团队都需要自己筛选和培养主播。所以主播在第一次直播之前心情都很忐忑，很担心做不好，希望可以先将直播话术准备好，这样能安心一些。

打有准备的仗是非常明智的，这里我总结了直播话术里面最重要的四个要素，能帮助你做好开播前的准备。

第一，抓住产品卖点。将产品卖点一个个提炼出来，只抓最重要的点：客户为什么要买？为什么买你的？为什么现在就要买？这个部分不需要太多，但是需要将它磨成一个个锋利而快准狠的"小飞刀"，每一刀都短小精悍，每一刀都能命中要害，切忌又臭又长。

第二，营造场景感。光是干巴巴地自卖自夸，会很单薄。加上场景感之后，就是"干湿结合"，能让客户快速想象出来自己使用上这个产品之后的画面感。有了画面感，想要成交就没那么难了。比如在一个珠宝直播间说："你戴上这套珠宝去参加前男友的婚礼，一定是全场最光彩夺目的那个人，比新娘更加耀眼。"这就是场景感，将自己的产品结合多个场景，让用户觉得直播间有意思，也愿意购买产品。

第三，主播的个人色彩。主播的人设定位有两种：打工人和老板。可以直接以老板的身份来直播，这样会激发用户的社交需求，提升互动率，并且当"老板"给用户打折送福利的时候，也会显得非常真实。不管是什么身份，主播都需要有一个专属的个人色彩，这个风格需要根据产品的用户画像来设置，最好是符合主流的正向价值观。让用户认识你、熟悉你、习惯跟你聊天，适应你的风格。时间长了你会发现，当有新粉丝在直播间说一些不合时宜的话时，你都不用说话，老粉丝都会主动维护你，帮你怼回去。

第四，重复重要的行动指令。脚本不能太长，2~5分钟，包含重要信息即可，然后就是根据情况不断地重复。在话术里面，需要反复行动指令：点关注、点赞、发评论、分享直播间、购买。如果我们不说，用户是不会主动想起来干这些事情的。所以在整个话术里面，重复最多的就是这个部分。如果在一分钟里面听不到一个行动指令，这个意识就还需要再加强。我们最终的目的是让客户购买，所以这个点尤为重要。

> **Tips**
> 在直播的时候千万不要像念课文一样朗诵直播脚本，轻松舒适的状态更容易吸引的粉丝。不慌不忙，才是内行。

3. 成交平台的准备

如果是选择了 TikTok Shop（小店）成交，就需要先完善好小店信息，上架好商品的图片和描述；如果是选择了独立站、亚马逊等第三方平台成交，就要先将对应的平台搭建好，并且在开播前做好订单测试。不要等到有粉丝想买的时候才发现成交过程中有问题还没解决，白白错失了客户。

等到订单多了之后，也需要运营人员定期做测试，及时发现和修补问题。不然因为下单流程问题损失客户就很可惜了。

做好这几个方面的准备，再开始 TikTok 直播带货之路，就不会心里没底了。

第二节
如何提升 TikTok 直播间流量

请你带着这些问题来阅读本节：

1. 影响直播间流量的因素有哪些？
2. 如何提升直播间的流量？
3. 为什么说直播最开始的五分钟是"黄金五分钟"？

一个账号既做短视频运营也做直播，是双核驱动，能够加快整个项目的进程。但是 TikTok 直播间与短视频是两个不同的流量池和推荐机制，对应的策略不一样。如果两个都做，就需要掌握两套策略。不过不用担心，我相信你会学得很快，因为其底层逻辑是一致的。

直播间的流量不取决于这个账号的粉丝有多少，但是粉丝的数量和黏性会对直播间的数据有影响，有粉丝的账号，平台给直播间推送的人群会更精准，他们的停留时长和互动率也会更高。当直播间的数据不错，吸引了很多新粉丝关注，那么短视频的数据也会因此而提升。

但是很多做 TikTok 直播带货的商家都会受困于直播间没观众这个问题：没有人，话术再好也没办法成交。这一节我将 TikTok 直播间获取流量的因素、诊断方法和提升方法总结出来，帮助你解决直播间没有流量或者流量低的问题。

一、影响 TikTok 直播流量的因素

一般来说，一个状态健康（没有因违反平台规则受到处罚）的账号在开播的前五分钟都会有一波极速流量，一般是 500 个左右的观看量（我将它称为"黄金五分钟"）。如果我们能"接住"这波流量，让用户停留在直播间，并且有点赞、评论、互动、关注和购买行为，系统就会再给你推荐更多流量进入直播间。如果你没能"接住"这些流量，用户很快就会流失了，那系统就会减少推荐，直到直播间的人全部流失，没有观众。

TikTok 后台会通过以下四个因素来判定你是否能够"接住"它给你推送的流量。

1. 有效进入率

用户刷到直播间或者看直播间推荐页面的时候，是在直播间的"门口"，没有进入直播间里面来。或者用户刷到你的直播间，却没有有效停留，就直接滑走了。这些情况都意味着你的直播间只是被展示在用户面前，但没有被用户选择成为有效观看。如果你的有效进入率很高，后台就会判定你的封面，或

者你正在展示的内容是对这部分人群有吸引力的,就会继续给你推荐用户,并且因为标签的强化,推荐的用户会越来越精准。

2. 停留时长

停留时长是最关键的因素。我在讲短视频的流量时提到过,TikTok 最想要的是用户使用这个 App 的时长,不管是短视频还是直播,只要你能留住用户,拉长使用时间,TikTok 都会愿意将更多的用户流量推荐给你。所以即使你是一个零粉的新账号,只要你直播的时候能够想尽办法留住第一波流量,将直播间的同时在线人数拉到几千人,总场观众到几万人也是很常见的。

3. 互动率

互动包括点赞、评论、点关注这些行为。它本质上还是一种停留,但它比纯粹的停留更加积极。但是我们的员工拿自己的账号在直播间里互动,这种行为通常不会被系统判定为有效的互动数据,因为平台要防止人为拉数据的情况。

4. 购买行为

如果说停留时长是用户在用时间给我们的直播间"投票",那么购买行为就是在用钱给我们"投票"。购买行为能说明用户的认可度已经非常高了,系统会因此增加你的权重,也会根据已经购买了产品的粉丝画像为我们的账号打标签,然后基于购买行为继续推荐用户到直播间。

这四个因素就是直播间流量的决定性因素。清楚了影响因素和背后的逻辑之后，我们基于这样的认知再来看：应该如何优化这一个个因素，提升直播间流量？

二、如何提升 TikTok 直播间流量？

1. 如何提升有效进入率？

第一，提升有效进入率最关键因素是直播画面。我在上一节说到过要通过直播间灯光布置和产品摆放位置等来提升直播效果，但这些都是辅助因素，最关键的是产品展示的画面效果。以下三幅图从左到右，依次是我孵化的一个珠宝出海项目的两次直播画面优化对比。

表 5-1 直播画面优化对比

	最开始	第一次调整	第二次调整
直播画面			
画面调整	模糊、昏暗、产品摆放杂乱不规律；一直在讲解不好看的产品	增强补光，更换展示产品为展示更强的产品，调整产品在镜头前的比例	采用OBS推流直播+高清微单相机，提升直播间质感，同时调整背景和产品
对应效果	用户无法在第一时间感受到产品的吸引力，也没有停留的欲望	流速变强，停留拉长，不断有客户询问价格和购买方式，实时在线人数40+	在不采用过多福利拉停留的情况下直播间人数都可以保持在100+同时在线

在我帮他们优化之前，他们自己准备的直播间画面布置很杂乱，光线偏暗发黄，最关键的是主播一直在拿着钻最小的排戒进行展示和讲解，在直播摄像头不是很好的情况下，用户很难看清楚这个展品，也更难被这个画面所吸引。所以这个直播间接不住最开始的第一波流量，在7~8分钟后直播间就彻底没观众了。

我让他们先对直播间环境做出调整：调整灯光颜色，背景尽量干净，拉近产品与镜头之间的距离（这一点非常关键，让用户一来就把注意力放在你的产品上），等等。在此基础上，将产品一款一款地做流量测试。

这一点真是非常重要！我一定要在这里做特殊强调！做好视觉基础之后，一定要测试每一个款式的流量，不能主观地认为哪一款好就硬着头皮在直播间播哪一款，而是要进行测试，用真实的数据说话。用多个直播间同时测试上百款产品，并且记录直播间的流量数据，才能够将真正有流量的产品筛选出来。

即使是同一个类别不同的款式，流量也会差别很大。你看第二张图片，就是做了一次调整之后测试产品的直播截图，流量比第一张好很多：开播10分钟之后基本上还能稳定在20~40的同时在线人数，而且询价和购买的人数也不错。帮他们第二次调整之后，继续测品，测出来的流量又上了一个台阶：同时在线可达到100~200人之间，总场观可以达到5000~8000人，订单转化效果也有明显提升。

所以产品款式和展现方式决定了直播间的画面，而画面对用户的吸引程度决定了用户的有效停留和进入率。在直播间反复测试款式，复盘数据的方式，能帮助你找出真正的流量款，提升有效停留和进入率，让直播间的流量有质的飞跃。

第二，给账号和直播间打标签，获得精准的人群推流。关于标签的重要性我在短视频板块已经解析得很透彻了，我相信你也很清楚准确的标签可以给账号带来精准流量。这里我需要再额外提一下，直播相对短视频来说，还有一个额外的权重很高的打标签方式——用户的购买行为。一个用户在你的直播间买了产品，那么这位用户的标签权重就会提升上来。比如说你的直播间正在卖假睫毛，来了一个男性用户，帮自己女朋友买了一副假睫毛，但是这个用户本身的标签是"男性、篮球、美食"。因为这个用户购买了你直播间的产品，算法就会因此推荐一定比例的相同标签的人，比如说男性，这时因为大部分男性对假睫毛不感兴趣，导致进入率变低。所以我们不希望这种"反向标签"的人群来直播间购买，因为会让直播间推送人群受到影响。

所以我们在直播间的装修风格、话术设置上都要尽可能地吸引精准标签的人进入直播间购买产品。精准的人群完成了购买行为，就会给直播间打上更强的精准标签，促使直播间被推送给更多精准的人群，有效停留和进入率就会上升，直播间的流量也会因此提升。

2. 如何提升停留时长？

对于新直播间来说，用户对我们是陌生的，没有天然的熟悉度和好感度能让他们停留。而对于你来说，一定要抓住刚开播的"黄金五分钟"极速流。因为系统会根据对你账号的已知标签，在刚开播的前五分钟推荐一波极速流，如果你能承接住这些流量，将他们留在直播间（通常留得住50%就是非常不错的数据），那么接下来TikTok就会按照不错的流速（推荐人数）持续把观众推荐到你的直播间。

> **Tips**
> 直播间流量就像是水管往池塘里放水，前五分钟你如果能承接住50%的水，那么这个水管就会被撑得更"粗"。粗的管子一定比细的管子流速更快，且流量更大。

所以一定要使出浑身解数在最开始的"黄金五分钟"承接住系统给的第一波流量，疯狂拉停留时长，才能有可观的流量持续进入直播间。如果承接不住，后续流速就会降低；再承接不住，就慢慢地没有观众再进入直播间里面。在这一点上，TikTok比国内抖音更明显，说没人，就真的没人。

为此，我总结了三种方式拉停留时长。

第一，用商品的过款速度和上架速度拉停留。在我们优化好直播画面，并且测试出来流量产品之后，我们展示和过款的速度就非常重要了。过款太快会让用户买到自己喜欢的东西之后就满意地离开了；过款太慢用户就会有情绪，等不到自己想要的就直接走了（国外用户比国内抖音用户耐心更差）。所以需要测试产品的过款速度，有意识地进行复盘和调整，直到调整到一个最佳值，将它写在本项目的SOP（标准作业程序）里面。

第二，用福利活动拉停留时长。现在英区小黄车已经开放优惠券功能，你可以根据想让用户完成的任务来设置领取优惠券的门槛，类似于国内抖音的福袋。这就是帮助我们拉停留时长、引导关注的神器。这个功能会逐步开放和完善，但对于没有开放此功能的地区，也可以通过给用户送福利的方式来拉停留时长，如我在第四章提到过的giveaway。

在直播期间，不停地搞giveaway活动，直接将"每五分钟一轮评论区抽奖"写在直播间里面，并且告诉直播间的粉丝不要走，每5分钟都有福利送，每一轮都可以参与。直播间粉丝的停留时间会因此拉长很多，停留时间数据好，也能引来新粉丝的推流。

而且正如我在第四章对giveaway的解读，它的成本可以很低，甚至被邮费覆盖。所以这一招不仅可以用于提升短视频的数据和流量，一样也可以用于直播间的数据提升。具体的操作方式与第四章第三节的内容一致，我在这里就不再赘述了。

第三，用音乐和音效拉停留时长。直播间的背景音乐、音效会对停留时长产生很大影响。比如，我在一个卖穿戴甲的直播间，安排主播边卖产品边玩美甲上面的亚克力钻。钻石碰撞，发出哗啦啦解压的声音（我在"短视频超级滚雪球模型"中提到过，并且还加了配图），视觉上也非常惊艳（因为是一大堆漂亮的钻石），然后告诉粉丝："先选你喜欢的钻，再选穿戴甲的款式。"很多粉丝表示，这个声音听起来真的很舒适，这个画面看着就很解压。于是她们既愿意购买产品，还愿意一直停留在直播间。而对我来说，这波操作既能通过解压音效拉停留时长，又能展示我们源头厂家的实力，还可以给客户一种高端定制的购物体验，一举三得。

讲到这里，我再分享一下我这波操作的灵感来自哪里：我在刷美国区的TikTok直播时，发现有一个非常火的直播方式：ASMR（Autonomous Sensory Meridian Responds，自发性知觉经络反应，通俗解释为颅内高潮，即人体在通过接触一些声音、触觉，或者其他部位的微妙刺激的时候，所引起的愉悦反应）。这种直播多为达人类直播，由主播在一个大大的麦克风前，用指甲敲打各类物品，捏碎某些东西，或者类似用拉链之类的道具，等等。因为声音让人听起来非常解压，很适合睡前听，所以这种直播间人气非常高，随便刷到一个都是1000人以上同时在线，主播一晚上也能收不少礼物打赏。我将这种形式里面最受欢迎的音效部分提炼出来，结合产品和视觉，用于卖货直播间，因此有效地拉长了直播间的停留时长。

拉停留时长非常重要，它决定了直播间的流量和流速。但是我们在拉停留时不能偏离粉丝的精准人群画像。比如在卖女性产品直播间里面跳舞，拉的是男性粉丝的停留时长。这样会让直播间的流量又变得不精准了。

3. 如何提升互动率？

互动率对于直播间的流量贡献度也很大，因为越喜欢互动的用户，停留时长就越长，下单购买的可能性也会更大。所以我们提升直播间粉丝的互动率，除了提升互动率数据以外，还能够带动停留时长和用户的购买行为这两大因素。

下面我告诉你三个非常有效的提升互动率的方法。

第一，利用福利和奖品引发互动。刚才提到的两种福利方式，都可以设置一个互动门槛，比如在直播间回复某个特定评论，才有资格参加本轮抽奖。粉丝会非常积极地发送你指定的内容，提升互动。

第二，营造产品和服务的稀缺感激励互动。比如，在直播间说这个款式是限量款，一共只有5个，想要的朋友可以在评论区输入"1"；再比如，"我们有5位专业的运动教练会一对一指导你使用这款健身环，但是每一位教练只能服务5位客户，名额有限，想要免费一对一指导的粉丝在评论区输入'1'，我来备注你的需求"。直播间粉丝会因为损失厌恶心理而按照你的要求进行互动。

第三，激发粉丝之间的竞争意识加强互动。在直播间里面可以给每款产品旁边贴一个号码，方便粉丝"点菜"。当直播间粉丝多起来的时候，大家都希望主播展示自己想看的那一款，但是我们展示的速度并不会太快，所以评论区就会一直有人输入自己想看的编号。有些聪明的粉丝会反复刷自己想看的编号，主播真的就先展示刷得最多的号码，别的粉丝看到这个方法有用，也会纷纷跟着刷屏。这样，互动率就上来了。

用户使用 TikTok 这个 App 是为了娱乐休闲的，所以天生会"懒"。我们要用自己的方法将他们的积极性调动起来，让他们有强烈的参与感。一旦有了这个前提，你再让他们支持购买，难度就降低很多了。

4. 如何促进购买行为提升转化率？

让用户花钱买单，是我们的终极目的，也是最重要的。我们之所以要想尽办法提升直播间流量，目的也是让成交漏斗变得更大，从而成交更多的订单。我在前面也提到过，成交标签精准的用户之后，又会提升精准标签的权重，给直播间带来更多精准的流量。这就像是一个正循环的飞轮，转起来之后会相互促进。

想要提升直播间粉丝的购买成交率，需要做好两个方面：直接转化和间接转化。

第一，提升直播间的直接转化。让粉丝在直播间直接做出购买决定，完成直接的转化成交，成交之后再引导用户进入私域进行二次转化，并且引导他们在收到货之后给出好评并分享，这一套链路是最完美、最理想化的。直接成交的路是需要作为主线去不断优化和复盘的，那么如何提升直播间的直接转化呢？答案是：一个前提＋两个方法。

首先，要提升直播间的直接成交，有一个重要的前提：产品不能太贵，不然粉丝无法在短时间之内做出购买决定，一旦刷走了就会忘记（这也是为什么我会在第二章先把 TikTok 的五力模型做一次系统的拆解和分析，因为它们很重要，并且融会贯通地存在于每一个环节里）。

其次，分享给你两个提升直播间直接成交的具体方法："重复购买指令＋限时折扣"。

先说重复购买指令。前面讲直播话术准备的时候提到过需要给粉丝反复发出行动指令，其中购买的行动指令是优先级最高的。要不断地提醒直播间的粉丝：喜欢就去买、赶紧下单。不然他们的"自觉性"没有那么高。

我有一个朋友，是位做跨境亚马逊的老板，经历了亚马逊"黑天鹅"事件之后，2022 年转型做独立站和 TikTok。他是个专科生，通过早些年的跨境业务赚了一些钱。在他的 TikTok 账号做第一场直播时，是他自己上去播的。他用他并不标准的英语和仅有的几个词汇反复说："Order now! Please! Order it! Very good! Just buy it!"（快下单吧！请下单吧！买就对了！东西非常棒！）这几句话我相信不需要翻译你都能看懂，他的直播基本上都在重复这几句话，但是因为产品和价格都不错，并且他抓住了很重要的行动指令，反复给粉丝发出购买的行动指令,他的直播间销量并不差,直播短短3个月就做到了50万美元的销售额。

我举这个例子不是要大家去照搬他的方式,但是我们可以看到他抓住了一个关键点,并且将它做到了极致。你可以将它加入自己的直播技能。

再来说限时折扣。国内抖音已经将这个套路玩得很明白了,经常能让直播间的粉丝像不需要掏钱一样去抢购。但是过多的套路在TikTok上是不奏效的,外国人对于TikTok兴趣电商的接受度还处在慢慢提升的过程,更别说过于复杂的套路了。所以我们在设置限时折扣时要简单易懂,比如"一分钟之内下单5折",这种非常简单的方法效果更好。

第二,将直播间流量沉淀到私域间接转化。能直接转化成订单的粉丝一定是能先保证直接成交。但是还有很大一部分粉丝没有做好马上购买的决定,觉得需要再看看,再想想,或者对于在TikTok这个平台上购物还没有很适应。对于这些粉丝,我们也不要"放过"他们,想尽办法将他们先沉淀到私域来,再日复一日地继续"种草",用内容转化他们,不造成流量的浪费。

为了解决这个问题,我总结了一套TikTok直播间私域转化五步法。

第一步:绑定私域工具。在开播前,先选择好最适合的私域聊单的工具,如照片墙、WhatsApp、Telegram等,并且将它们绑定在TikTok账号主页上(如果你忘记了怎么操作,可以复习第二章第三节中有关私域流量的内容），提前做好沉淀私域的准备工作。

第二步：给出引流话术。要靠话术将粉丝引导到私域，比如："每一位支持我的新粉丝，去我的照片墙上私信我暗号：123，就能成为我们品牌的 VIP（同时展示一张高级的实体 VIP 卡片），领取到 50 美元的礼品卡（类似国内京东的储值卡，可以直接在这个商家当钱花），并且以后的每一个订单都能享受七折优惠，每月还可以申请我们品牌的免费新品试用。仅限前 20 名才能领取到这张 VIP 卡。"

这样的条件对于直播间粉丝来说不用费太多力气就能直接领到礼品卡，还能享受终身 VIP，非常诱人。即使当下还没有下定决心购买，也会觉得先去领个福利也不吃亏。这样做不至于放掉一些潜在用户。

这里需要注意的是：如果你也做了同样的引流动作，但效果不好，很可能是因为你给出的"诱惑"还不够大，不足以打动这些"懒人"去动动手指。那么如何才能给出足够大的"诱惑"还能节约成本呢？它的关键是：礼品卡 + 免费试用。礼品卡换个说法就是优惠券，购买产品的时候才能用，其实本质上都是给客户折扣让他们赶紧下单；而免费试用的逻辑就跟我说了多次的 giveaway 是一模一样的。这两点加起来，既能够给粉丝足够的"诱惑"，还能控制成本。

第三步：私域运营和聊单。将粉丝沉淀到私域后，需要很强的运营力和销售力来承接。在粉丝领到福利之后，询问对方喜欢哪个款式。对方领了你的好处，也更容易回复你这个问题。这时候你的客服要非常贴心地帮他计算好折扣，比如："这条直径12mm的珍珠项链，独立站价格为399美元，今天我们的老板在TikTok直播间给所有的粉丝50%的折扣，不仅如此，我刚才发给你的50美元礼品卡今天就可以用，最后的价格算下来是：$399×50\%-\$50=\$149$。"直接帮他们算好发出来，让用户能接收到更加直观的信号，可以直接成交一批。

第四步：临门一脚。上述动作都做了，客户还是在犹豫怎么办？那就拿出销售临门一脚的催单方法：仅为客户一个人给出的限时保密活动。如果客户对上述给出$149的这个方案还是犹豫，表示这个价格太贵了，想叠加使用VIP卡的七折，你可以先告知对方需要申请权限，然后过一会儿再给出回复：我已经做了我能做的所有权限申请，最终申请下来的折扣是：$399×50\%×70\%-\$50=\$89$，这是我们史无前例的价格。但这个价格有两个条件：第一需要您保密，第二需要在10分钟之内完成付款。做了这个动作之后一般都会成交。

第五步：降低下单难度。聊清楚用户具体的需求和问题，给出折后价之后，还有一个动作：将具体的付款链接发给用户，让用户一点链接就可以直接付款，而不是再去寻找付款入口。这一点我也在第二章运营力部分讲过，就不再赘述了。

直播带货是我们做 TikTok 变现的最重要途径，也需要日复一日地练习、打磨、复盘、提升。我将最好最有效的方法都总结出来，就像一本武功秘籍。但能否将这些招术打好，成为顶尖高手，还需要反复地实践，并且一层层参悟透其背后的底层逻辑。

第三节
TikTok 直播带货四类坑 + 避坑指南

请你带着这些问题来阅读本节：

1. 选 TikTok 主播最重要的标准是什么？
2. 为什么低价品引流容易让直播间数据更差？
3. TikTok 直播带货是理论知识更重要还是实践经验更重要？

掌握了上一节 TikTok 直播带货的流量逻辑，这一节的重点是排坑。因为在直播带货的过程中不仅需要加强流量和成交，还要小心那些很容易踩的坑，踩中一个就要付出巨大的代价。所以，我们要左手拿着流量逻辑和成交秘籍，右手拿着"死亡清单"和避坑指南，才能稳妥上路。

一、选择英语专业的主播反而效果差

【第 11 坑】主播一定要找英语专业的人？不！

TikTok 直播间肯定需要用英语来播，但是现在人才市场里面现成的熟悉 TikTok 直播带货的主播很少，所以很多人的第一反应是"我去找一个英语好的人来当主播"，或者"我去找个留学生当主播"，但是播了半天发现效果并不好，就不知道该怎么办了。

把英语好的主播当作好主播，这个坑绝大多数的人都踩过。英语只是一个工具，是一个主播最基础的技能，但并不是最关键的因素。这就好比国内抖音招主播，不能将一口流利的汉语作为最重要的标准，是一个道理。

正确的做法是：找一个英语流利同时销售能力和销售思维非常强的主播。英语说得好，跟直播做得好是两件截然不同的事。销售能力，尤其是线上销售能力，对着镜头的销售能力才是一个好主播最重要的标准。同时，表达能力、感染力、应变能力、控场力、对整个 TikTok 流量和成交逻辑的理解、对粉丝画像和特点的熟悉、对目标市场的深度了解，都是优秀主播必不可少的能力。

当然，英语也是一项必不可少的能力。但是只找一个英语好、不顾及其他能力的主播，是绝对错误的做法。我们需要的是一个不仅会动嘴，还会动脑的人。

二、将直播当成演讲来对待反而留不住人

【第 12 坑】把 TikTok 直播带货按照演讲的标准来做准备，

是错误的。

我在本章第一节直播话术的准备那里提到过，准备2~5分钟的话术，然后将它灵活地反复讲，而不是一整场直播一个小时，就准备一个小时的话术。很多刚开始做 TikTok 直播的团队将直播当成一场2~3个小时的大型演讲来做，从怎么开场、暖场、预热，到中间设置几个高潮，再到结尾的峰终体验，看起来很不错。但一经实践，发现直播间人越来越少，最后完全没人。

我们设计演讲的时候，通常是提前就把几百个人邀请到演讲台下坐好，我们需要让大家慢慢进入状态，然后越来越沉浸在这个演讲中，最后走之前能有个好的体验。这是因为所有的观众都是同一个时间来，同一个时间结束，并且在来之前就对演讲者和主题有了一定的了解和认知，甚至是花钱买了票，所以很有耐心。

但是 TikTok 完全不同，用户对你的直播间和品牌可能完全没有认知，更没有耐心，进进出出的时间也不统一，进来之后一秒钟发现不能获得自己的爽点就直接跑了，根本不会等到你设计的高潮和峰终。所以用演讲的方式完全没办法留住他们。

正确的做法是：要将直播内容切成很多小的时间段，每一个小时间段五分钟（你可以根据你的产品和直播形式调整每一个小时间段的时长），每3个小时为一个时间组，再为每一个时间组匹配对应的方法，并且提升信息密度和爽点密度。这样说太抽象了，我们来看下面这张表。

表 5-2　如何安排直播内容节奏和板块话术要素

	如何分段	具体时间	话术要素
开场	黄金 5 分钟	第 1~5 分钟	行动指令 + 福利 + 抽奖 + 爆款 + 流量款 + 行动指令
第一个时间组	第 1 个时间段	第 6~10 分钟	行动指令 + 抽奖 + 流量款 + 行动指令
	第 2 个时间段	第 11~15 分钟	行动指令 + 抽奖 + 流量款 + 利润款 + 行动指令
	第 3 个时间段	第 16~20 分钟	动指令 + 抽奖 + 流量款 + 测新款 + 行动指令
第二个时间组	第 1 个时间段	第 21~25 分钟	行动指令 + 抽奖 + 流量款 + 行动指令
	第 2 个时间段	第 26~30 分钟	行动指令 + 抽奖 + 流量款 + 利润款 + 行动指令
	第 3 个时间段	第 31~35 分钟	行动指令 + 抽奖 + 流量款 + 测新款 + 行动指令
根据直播需求时长以此类推，循环每一个时间组的动作			

giveaway 的作用是留住直播间的人，拉停留时长，所以可以每五分钟抽一次奖，为直播间拉流量。流量款是基于我上一节说的，反复测试每一个产品的流量，数据好的就作为流量款。流量款的作用是帮我们精准用户标签和画像，让 TikTok 给我们推更精准的流量。新款也是需要穿插在里面的，因为我们要不断上新产品，也让老用户有新的购买理由。新款的目的是测流量和加深用户标签。

基于这样的认知，我们再来看直播间的节奏。如果每一个时间段是五分钟，那么在每一个五分钟都需要作为一个单独的单位来对待，尤其是刚开播的"黄金五分钟"。

按照这样的方式直播，不管用户是什么时候进入直播间，都能马上进入状态，跟上直播间的节奏，再加上高信息密度，我们就能更好地抓住用户。

三、用低价引流品反而会让直播间的数据更差

很多人在学习了"黄金五分钟"的急速流之后，决定卖一些低价的福利品，不惜亏本也要留住直播间的第一波流量。但是钱也花了，本也亏了，却发现一到卖利润品的时候，直播间的人就跑了，最后真正想卖的利润品却销量很差。因为在这个动作的背后，一不留神就会踩到这三个坑。

【第13坑】销售的产品与引流的产品不相关，且粉丝画像不一致。

比如你的直播间是卖永生花的，却用数据线作为引流福利品。就算粉丝买了，人群画像和账号标签也会马上出现问题，TikTok后面会根据数据线的标签给直播间推流量，这些流量很难对永生花产生购买兴趣。

正确的做法是：选择品类一致或者相关的产品作为引流品。如果你的利润品是永生花，你可以选择鲜花样式的胸针或者其他配饰作为福利引流品，既不会打乱用户画像，也能让粉丝感受到直播间给的实惠。

【第14坑】引流品和正价商品价格差距太大，导致用户画像消费等级不一致。

如果你的产品正常售价是200美元，而福利款只卖10美元，

那么你直播间里的用户人群的消费力就会被定位错误。习惯消费 10 美元来买衣服的人，大概率不会去消费 200 美元的衣服。并且在有 TikTok Shop（小店）和小黄车的地区，后台会根据已经购买成交的人群画像继续给你的直播间推荐流量，这就意味着 TikTok 会给你推荐购买力较低的人群。当这些消费能力不一致的人进入直播间，是很难做出购买 200 美元衣服的决定的。

正确的做法是：福利款和常规利润款之间的差价不能太大，通常为利润款的 30% 左右比较合理。如果福利款是 10 美元，那么利润款的价格区间就是 30~40 美元，这样直播间粉丝的消费等级才是基本一致的。

【第 15 坑】福利品和利润品同质化。

假设你刚刚在直播间用 10 美元的福利价卖了件 T 恤，紧接着你又用 29 美元卖利润款 T 恤，粉丝就算有购买力，也不会买单，因为他刚刚才买过一件 T 恤。

正确的做法是：这时你只需要稍微调整一下，福利款卖 T 恤，利润款卖外套或者风衣，将它们搭配成一套，粉丝大概率会买单。

所以我们在设置引流品和福利品的时候需要注意：选择与利润品品类一致、价格差距不会太大的非同质产品，不然就会掉进坑里面。

Tips

福利品和 giveaway 二选一即可，因为他们的目的是相同的，就是拉停留时长。我更推荐 giveaway，因为 giveaway 在粉丝眼里不是销售行为，是赠送行为，既能增加好感度，又能做成概率性事件，还能在一定程度上避免粉丝人群画像变成只愿意买低价产品的人群，一举三得。

四、学了很多理论却还是做不好 TikTok 直播

【第 16 坑】只学不练，错。

我在孵化企业出海项目的时候经常会碰到一种现象：我催他们赶紧开播，他们却说"主播还没有培训好、话术还没有优化好、直播间的灯光还要调"等托词，即使在所有的理论基础都具备了的前提下，还是迟迟不开播。

我很理解他们，毕竟不是自己熟悉的抖音，毕竟要用英语去面向外国人卖货，毕竟这是自己第一次做，会紧张胆怯，所以总想再多学点什么再开始。但是人不能把什么都设计好了再上路，这样的做法会禁锢我们前进的脚步。只有真正将这些内容实操了，才会有"体感"，才能亲身体会到这些知识该如何运用到自己的产品上，再将自己的实践经验进行总结复盘，变成自己的能力。

正确的做法是：**行动如火，话语似烟**。事情的真相要用双

手去掌握，光靠用眼睛看是无法真正了解的。用理论知识作为基础，帮助自己找到方向，避免踩坑；边学习边实践，尽快将学习的东西实操，在实操中获得真实反馈，帮助自己总结属于自己的经验和认知。因为理论知识再丰富，不结合实战都是单薄的。只有一场场真实的直播和一次次精细化复盘，才能让你的理论知识变成真正的实力，在TikTok商业场上占领属于自己的地盘。

这就是做TikTok直播最典型、最常见的四类坑，一不小心就容易掉进去。我每周跟团队开会的时候都会有意识地让大家将自己踩过的坑总结出来，不管是大坑还是小坑。然后把这些内容做分类总结，沉淀为团队的知识财富，同时我也会将这些内容分享给朋友和学员，帮助他们避坑。

第六章

个体创业者如何在TikTok上变现？

第一节
个体／小团队创业者 TikTok 变现路径解析

请你带着这些问题来阅读本节：

1. 个人或者小创业团队在 TikTok 上有多少种变现方式？
2. 第一种达人的知识付费和第三种知识付费有什么区别？
3. 如果你是个体创业者，会选择哪种变现方式？

传统的跨境电商，是需要启动资金，且需要专业的团队专门去做的一种事业，就像国内做企业一样。但随着国内抖音的兴起，越来越多的普通人成了网红达人，让更多人认识自己，并因此赚到了钱，很多人都看到了个体创业的新出路。所以当国际抖音 TikTok 兴起后，也有很多个体创业者或者初创小团队希望可以入局到 TikTok 中来，而 TikTok 也确实有很多适合这类人群变现的路径。我将它们分成了三大类：达人网红变现、短视频＋直播带货变现和服务商、代运营、知识付费变现。

一、达人网红变现路径

达人网红类的账号有很强的个人IP色彩,重点是要突出你这个人。视频形式和主题多样,可以是才艺类、搞笑类、宠物类、健身类、知识类、剧情类、情感类、个人展示类等,只要有自己的风格和本领,能被粉丝喜欢就好。

这类账号起号会比纯商家带货类账号更容易,因为用户更容易去关注一个真人而不是一个商家品牌号,也更愿意跟真人互动聊天,还能在内容上有很大的创作空间。但是这类账号的变现也会受限,因为粉丝当初关注你的时候并没有想过在你这里花钱买东西,变现链路比商家账号更长,更间接。

达人网红通常有以下五种变现方式。

1. 创作者基金

我在第一章中提到过,创作者基金是TikTok为了鼓励优质创作者而设置的奖金池。达人达到粉丝量和播放量的门槛之后就可以申请。但是创作者基金的政策会根据平台的需求和发展做出改变,如果只靠这一种方法,变现金额会很有限。因为我们无法左右平台政策,如果金额越来越少,或者干脆取消了,那你的处境就很被动。

所以我的建议是,你可以将它作为一种补充变现的方式。以其他变现方式为主,如果刚好达到了创作者基金的标准,就顺便领取,但不要将它作为变现的唯一路径。

2. 直播打赏

TikTok 直播打赏的逻辑跟国内的直播平台一样，粉丝喜欢这场直播，就给主播送礼物。这条路对于大多数人来说是不太容易的，因为它对个人的表现能力、语言能力要求很高，同时要求主播能够给粉丝带来持续的情绪价值。

我曾经跟一个国内抖音大 V 聊过抖音的直播打赏这条挣钱路径，他对我说："其实我并不建议达人走上这条路。不做出点'牺牲'，你就别想隔着屏幕让粉丝掏钱。就算真的通过这种方式赚到钱了，主播的心态也会发生改变。我见过很多网红，一夜收到几十万元打赏之后，消费观改变了，生活方式也改变了。但是当无法维持这种收入时，整个人就崩溃了，再也没办法脚踏实地好好赚钱了。"

这是一个在国内抖音摸爬滚打过很多年的人给出的视角，虽然并不能代表所有人，但可以给我们启发和思考。你依然可以选择在 TikTok 上做健身主播、旅行主播、美食主播、知识主播来获得粉丝的打赏收入，只是在选择之前，要先考虑清楚这条路的利弊。

3. 接广告

这是 TikTok 达人网红变现的主要方式之一，它的本质是成为商家的营销渠道。很多商家为了宣传自己的产品或者独立站，会专门组成一个部门来做达人网红推广的板块，我在公司也设立了网红推广部门，人数可以跟直播部门相比。

把你的账号做起来，成为有影响力的达人后，会有很多商家主动找你谈合作。方式有很多种，最常见的就是给你寄一个产品，让你录开箱视频和使用体验，再加上一些推荐产品的话。商家则是给你支付对应的广告费，有的还会有销售提成。一般来说，小网红按每条视频多少钱计费，大网红按视频的秒数来计费。头部网红都会有经纪团队来专门筛选和处理这些合作。小网红就是亲自跟商家谈细节。

这种变现方式是可持续的，相当于给自己的粉丝推荐好物，也就是我们常说的"种草"。你可以一整条视频都在推广产品，也可以将产品推广穿插在作品里面的某一个环节。这些都是可以跟商家谈的细节。

如果你选择用这种方式变现，需要注意以下几个问题。

第一，一定要严格筛选产品。收到产品之后用自己的标准去评价一下：产品质量如何？性价比如何？服务如何？成分是否安全？效果如何？等等。我们要为自己的粉丝做好把关，如果他们基于对你的信任买回去的东西很糟糕，甚至出了安全问题，那对你、对这个账号将会是沉重的打击。

第二，如果你最开始就是冲着这个变现路径起号的，那就不能盲目地选择内容赛道，而是要先分析你的账号所在的国家或地区，以及哪些品类的产品销量高、哪些类别的产品商家喜欢找网红推广、哪些赛道商家愿意给你更高的佣金、哪些产品更容易把销量带起来等问题，然后确定一个粉丝画像的区间，再来考虑你做哪些内容可以将这些人群吸引过来成为自己的粉丝。用这样以终为始的思维方式来起号，做同样的事情，商业价值将会比其他账号高很多。

4. 游戏达人

你可能玩过国内抖音的"救救狗狗""全民烧脑"这些游戏，也能经常刷到有达人在自己的账号上发布玩这些游戏的某个关卡的视频。这种方式就是游戏推荐达人。TikTok 上也一样，你可以去玩那些商家愿意出钱给推广费的游戏，把过程录屏下来，再挑选精彩有趣的部分剪辑配音，上传到你的账户。一旦引起了粉丝兴趣，他们点击下载、充值，你就能根据规则拿到对应的佣金和提成。

这种方式变现路径短，操作难度低，非常适合个体或者两人团队。很多做游戏推荐的达人都能够快速实现变现。但是这个变现路径也有天花板，那就是变现金额很有限，并且这种类型的账号不太容易同时兼顾前面三种变现方式，所以想靠它赚点零花钱可以，想求富就很难了。

5. 达人的知识付费和服务

国内抖音的知识付费很多也很成熟，但 TikTok 在这一块目前是不多的，这对我们来说是机遇也是挑战。我已经孵化了好几个在 TikTok 做知识付费的学员，他们目前的变现量都非常不错，从每个月 1000 多美元到 8000 美元的项目都有。

你可能会疑惑中国人怎么给外国人做知识付费变现，下面我给你举几个例子体会一下。

比如我的一位学员，她是对外汉语老师，在 TikTok 上教外国人学习中文。她每天将很简单的词汇发音拍成视频，配上字幕和发音，每一条视频讲解一个中文词汇，时长大概在 20 秒。她将课程的购买链接挂在 TikTok，并在每一条视频的结尾都引导用户点击主页链接去购买她的中文课。

这个逻辑很简单，就像外国人在国内抖音教英语。这时候我们中国人的身份和面孔能帮助我们更容易地获得粉丝的信任和认可，再加上她是最早入局这个赛道的博主之一，有很多粉丝都愿意为这个课程买单，她也因此建起了自己的小团队，边赚钱边想办法提升自己的短视频质量和课程质量。

不仅是教外国人说中文，还有一些技能类的课程，比如健身、魔术、画画、手工艺品制作等，只要你能够完成视频的录制和英文课程的录制，就可以去尝试这条路。

以上就是作为达人网红类型的账号可以选择的五种变现路径和对应的利弊。如果你在国内抖音是达人，对国内的达人账号变现很精通，那在 TikTok 上面进行复制是比较容易的。

> **Tips**
> 你可以根据自己的账号需求将以上这五种变现方法进行自由组合，也可以同时使用。

二、短视频 + 直播带货变现路径

个体或者小团队走这条路,会比大公司更累。对执行人员的学习、迭代能力要求也更高,我在第四章和第五章提到,短视频和直播都需要理论知识的掌握和反复地实践。这对于人少预算少的团队压力会更大。但是小团队的灵活性、机动性更强,试错链路更短,往往能在短时间里面做到大公司做不到的成果。我指导过一个小团队,成员只有两个小伙子。他们学习能力非常强,学了恨不得马上去实践。他俩只花了 9 天时间就完成了选品、建站、账号设置、短视频运营等工作,并进行了第一场 TikTok 直播。

如果你选择这条路,就要做好高强度学习并且没日没夜奋战的准备。因为这条路没有想象中那样简单。拿选品和供应链举例(这也是我们经常会遇到的一类现象):你自己去找厂家谈拿到的价格和政策(比如备货),一定比大公司去谈更贵、更慢、态度更差。就算你的流量爆了,订单都来了,万一没办法发货,导致大量退款、投诉和差评,外加被用户举报诈骗,导致账号被封,整个瘫痪了就麻烦了。

所以说,这条路可以走,但是走之前要做好充分的准备。如果整体实力不够雄厚,就尽量选择简单的轻路线。

三、服务商、代运营、知识付费变现路径

如果把自己的账号变现这条路径称为"挖矿",那么做服务商、代运营以及知识付费这条路径就是在"卖铲子",帮助这些"矿工"打磨好工具,指引好方向,助他们一臂之力。

1. 服务商

服务商常见的服务有拍摄剪辑视频、直播间搭建、海外公司注册等服务的外包。这些流程要自己摸索一遍很费时间,一不小心还会掉到坑里。找专业的服务商就能又快又好地解决这些问题。

如果你想做这个业务,也需要将TikTok整个生态跑通,并且保持最新的资讯状态,才能够又快又准地给客户提供最有效的服务。

2. 代运营

代运营就是将TikTok短视频或者直播部分整体外包,按照时间或者效果付费。做代运营的好处是整个项目的风险不在你这边,而是在需求方。但是对你的能力要求也比普通TikTok创业者更高。因为做服务一定涉及口碑和案例,如果你对TikTok整个生态了解不够,并且没有多个实操经验就去帮别人做代运营,失败的概率会很大。即使没有损失你的本金,还赚了服务费,但是在行业内的口碑就会下滑,在今后的业务发展中造成损失

和阻碍。如果你代运营出了很多成功案例，不仅客户会源源不断，而且你还有很高的溢价空间和选择优质客户的权利。

3. 知识付费

这里说的知识付费指的是教还不会做 TikTok 的用户（大部分为中国人）如何做 TikTok。市面上已经出现了很多培训班和 TikTok 的 IP，也因为他们的存在让更多人燃起了学习 TikTok 的兴趣。如果你也想成为其中一员，一定要夯实自己的基础，在做课程培训的同时，手上一定要有真实的 TikTok 项目在按照你的逻辑运转。讲你所做，做你所讲，知行合一。

这条卖"铲子"的路线不失为一个好的选择，我们照价卖出去"铲子"，用户能否挖到好东西，就要看自己了。但是这里面也有一个很大的坑：【第 17 坑】时间资源的分配。你需要花大量的时间去学习和实操 TikTok，这样才能具备"卖铲子"的本事，不然就是"镰刀"。但是如果真的实操出了结果，你还会有时间来卖"铲子"吗？可能很难，一堆业务上的事情就让你无法抽身。

对这个问题，我的建议是：前几年埋头业务，将结果做出来；再以一个业务为基准，发展相关业务，总结通用的底层逻辑，同时培养多个项目操盘手和主操盘手（这一块一定是呕心沥血的过程）；然后将公司的日常经营交给操盘手，自己以顾问的形式来做这一块的内容。不过说起来简单，想要真正做到还是非常难的。我们在这个路上，都要不忘初心。

个体创业者或者小团队创业者想做好TikTok，路径有很多，除了我上述提到的以外，新的方法在未来也一定会层出不穷。如果你有更好的方法，欢迎补充交流。

第二节
给个体/小团队创业者的五条建议

请你带着这些问题来阅读本节：
1. 在一个 TikTok 账号上，具有个人 IP 属性有哪些好处？
2. 个人或者小团队该如何安排项目预算？
3. 在 TikTok 上卖货的小团队该如何优化供应链？

个体和小团队在 TikTok 变现之路上的特点是更加灵活，但挑战性也更大。所以在解析完变现路径之后，我还想给个体和小团队的 TikTok 创业者以下五条建议。

一、塑造好个人 IP 属性，可以事半功倍

不管是达人账号还是带货账号，如果具备了个人 IP 属性，都会在互动率和粉丝黏性上有很大的提升，尤其是达人账号。因为粉丝更喜欢跟一个真实的人互动，就好比我们会关注董明

珠，却不愿意关注格力电器的官方账号。

而IP跟人设是分不开的，要有特点，有喜好，有性格，才会引发一个又一个爆点，让粉丝活跃起来。在这一点上，有特点往往比好看更重要。让粉丝熟悉你的特点，并且习惯你的特点，这才是将人设树立好了。

但个人IP也需要面对一些负面情况，有人喜欢你，就一定会有人不喜欢你。我们没有办法做到让所有人都喜欢，那就让喜欢你的那部分人更喜欢你就好了。

如果是个人做带货，也可以以一个小老板的身份展示在TikTok上，很多粉丝会因为你对产品的态度、做事的认真、性格有趣、设计很有创意等因素喜欢你，并且会因此为你买单。有很多手艺人、艺术家、设计师就是这样做的。粉丝往往因为喜欢你，赞赏你的能力和精神，愿意支付更高的价格来购买你的产品。你可以在TikTok上搜索"small business"（小个体创业），看看这类达人的做法来找找灵感。

二、挑选一个最有优势的板块，做专做精

小团队人力有限，没办法兼顾所有事情，像大公司那样每一个板块都安排一个部门去做。所以要将精力都集中在一个地方，才能打出结果。

比如你擅长教外国人学汉语，那就集中精力，每天拍几十条短视频，一口气剪好每天发2~3条。同时打磨课程大纲，再

一节一节地录制好。课程就是你的产品，一定要认真对待。这些事情一个人是完全可以兼顾的，并且可以做得很好。但如果你在这条路上分散精力，想要一个人做视频、做课程的同时，又接广告带货，还想去教其他人怎么做 TikTok，那么就很可能什么都弄不好。

把一件简单的事做好就是不简单，把每一件平凡的事做好就是不平凡。将精力集中在你最擅长的地方，做出结果，真金白银地装在口袋里之后，你就有底气为自己招兵买马了。这时候你再基于基础业务发展其他板块就非常合适了。

三、合理安排项目预算

小团队的预算更少，没办法像大公司一下子准备三五百万元来做出海。所以我们在预算的安排上就要有策略：【第18坑】不能一个步骤就花光了所有预算，导致项目卡住了没钱推进。

我认识一个留学回来的富二代，不想继承家业，想做 TikTok。他父亲只给了他 10 万元，并表示如果他亏完了就放弃这件事。他对预算没有规划和概念，一来就租了一间办公室，招了两个人，买了两部苹果手机开始做账号。对于自己满意的视频，也舍得花钱投放。他做了三个月，账号数据还不错，也有人开始找他们做付费广告了。但是，他手上的钱没有办法支撑房租和人工工资，而广告变现的钱还没有达到可以支撑这些费用的程度。最后因为跟他父亲的这个对赌没有成功而放弃

TikTok 项目，回家继承家业。

可能对他来说这不是一个坏的结局，但是对一个普通个体创业者来说也许这 10 万元就是全部身家，失败了会对家庭带来不小的打击。作为个体或者小团队创业者，前期没有必要花的钱（比如租一个漂亮的写字楼、设计商标、花很多钱买域名、买很贵的专业设备、大量投付费广告）可以暂时不花，等你将商业模式的闭环跑通，再根据项目阶段，结合我在第二章说到的 TikTok 五力模型来安排合理的预算和支出。

> **Tips** 厉害的操盘手对花钱的态度一定是：该花的非常大方，不该花的抠到极致。

四、在卖货过程中要不断优化供应链

我在上一节提到过，供应链是个体创业者做视频和直播带货时会面临的一个问题。你在最开始没有订单量的时候没有办法拿到最好的货源和价格，所以只能用稍微高一点的成本来完成商业闭环测试。一旦模式跑通，就需要不断优化供应链。对于该如何优化供应链，我给你分享一些好用的经验。

在最开始选择供应链时，如果你对产品的了解还不够专业，那就多聊几个工厂。聊第一家的时候多问一些细致的问题，同时问厂家这个产品还有哪些专业的标准或者生产步骤，消除对产品的认知盲区。然后带着这个认知跟第二家谈，再带着第一

家和第二家的认知跟第三家谈……以此类推，谈个十几家下来，你基本上可以建立对这个产品比较完整的认知，成为半个行家，也能建立一个自己的供应链储备库，在以后业务遇到问题时有可以选择的调整余地。

当你的业务闭环已经跑通，有源源不断的订单时，就要为自己准备2~3家以上的货源了。因为一旦有一家供应链无法及时跟上，还有别的可以候补，至少不会让你无法按照约定时间发货，导致退单、投诉、评分低等不良后果。

当订单量起来之后，再跟供应链谈价格和备货问题，这时候最开始的劣势已经因为你的销量提升而不复存在了，厂家一样会给你便宜的价格、好的服务和优先供货资格。而你之前对产品和多个供应链厂家的了解基础也能帮助你在每一个环节把控品质和价格。便宜不是本事，比别人便宜还能赚钱才是本事。

这样循序渐进，就能保证供应链端不会出现大问题，伴随着业务一起成长。

五、加强网感，达人账号蹭热点的效果也许会更好

达人这个账号类型会有很大的内容发挥空间，我们的创作方向和话题也有很多选择。但因为你也许不像本地人那样对目标市场的情况有着切身的了解，或者你曾经去过这个国家但现在没有接受持续的环境影响，没有办法保持最新鲜的资讯状态，所以就需要增强网感。

多去刷目标市场的社交媒体，不仅 TikTok，还有其他热门的网站 App。第一个好处是，你越刷越对这个市场熟悉，有感觉，说不定还能找到更多的产品方向和营销灵感；第二个好处是你可以在这里面寻找自己创作的灵感，发布视频的时候带上话题，也许会有意想不到的效果。

正因为达人账号发挥空间大，所以蹭热点的时候也能有更好的效果。但如果你是某个垂类的达人，比如教中文的老师，就要慎用这个方法。你可以有选择地蹭热点，但是内容一定要跟你账号里面的内容相关，并且符合你的粉丝画像所关注的内容。否则会损害自己粉丝的体验，因为就算这个视频火了，但吸引来的粉丝标签错误，也会导致账号人群不精准，得不偿失。

另外，在使用这个方法时，要注意保护账号安全，不要发表、弘扬错误价值观或者违反法律法规、很极端的观点。

如果你还没想好走哪条路，就反复看看整个第六章的内容。想要做出更好的决策，就要先了解一共有多少种选择，并且清楚每一种选择背后的对价和成果。本章的两节内容，正是为你提供这些信息，帮助你做出更好的决策。

第七章

中国企业如何用TikTok拓展海外市场？

第一节
企业 TikTok 出海的优势和注意事项

请你带着这些问题来阅读本节：
1. 企业做 TikTok 出海有哪些优势？
2. 企业做 TikTok 出海容易踩哪些坑？
3. 如果你想做企业出海，该如何扬长避短？

企业做 TikTok 业务一般分为两种：专做跨境业务的跨境电商公司和主营业务在中国的公司开拓海外业务板块。跨境公司的团队结构和资源完全是按照做跨境产品逻辑准备的，对于产品的销售和交付链路也很熟悉，做 TikTok 只是为自己拓宽一个营销渠道。除了需要学习 TikTok 的内容逻辑和流量逻辑以外，对于海外产品的理解、运营流程、国际物流等问题也都要非常熟悉。所以本章重点讨论的是，主营业务在中国的公司如何更好地利用 TikTok 拓展海外市场。如果是跨境公司做 TikTok，可以以你的业务逻辑为基础，结合本书第四章和第五章的内容来做即可。

一、中国企业为什么要用 TikTok 拓展海外市场

近几年,很多中国企业都开始谋求让自己的产品出海,销向国外。有一次,我作为福布斯环球联盟创新企业家的成都会长,在组织福布斯企业家一起开私董会时,接收到了多位企业家传递的一个信息:他们表示这两年公司的情况比前几年更不容易,老板和 CEO 也为了企业去学习新媒体、私域等先进做法,同时也开始研究怎么将自己的产品卖到国外去。但是因为很多企业都没有接触过海外市场,不知道如何营销,也不知道怎么走售后流程,所以要么迟迟没开始,要么自己摸索交了很多"学费"。

这些福布斯的企业家讲出了很多公司和企业主的现状:想要发展新出路,但不知道该怎么落地,如何操作。在学习了前面六章的内容之后,我再为你分析一下企业为什么要选择 TikTok 来拓展海外市场。

第一,TikTok 的用户多,发展迅猛,并且有可学习的方法论来帮助我们获取大量的流量。很多企业选择用亚马逊或者阿里国际站的方式将自己的产品卖到海外,只要你的产品适合在这些平台上售卖(比如符合搜索电商的特点),也是完全可以选择的。但是这些平台的流量获取方式、成交路径和流量成本与 TikTok 的差别很大,获取流量的周期也不同。用我在第四章

和第五章的方法，伴随着这几年 TikTok 对于全球电商的大力发展布局，是有机会取得大成果的。

第二，TikTok 的测试成本低，周期短。我会在本章第三节告诉你企业出海该采取怎样的策略，其中第一部分就是测试 MVP。不管选择 TikTok 还是别的方式拓展海外市场，都需要进行 MVP 测试。但是 TikTok 的 MVP 测试周期更短，并且成本更低。你可以很快地测试出产品、内容、营销方式是否有效，并很快做出调整。

除了上述两个原因，你也可以在 TikTok 上好好地利用自己的优势（我在第一章第三节里面做过详细的优势分析）帮助自己的公司将产品畅销海外。作为企业出海，你可能会觉得只用一个 TikTok 力度不够。这个不用担心，我会在下一节为你详细讲解企业出海需要打造的品牌独立站生态。在这个生态里面，TikTok 会占据多个生态位，并且作为一个有力的获取流量和成交的切入点。

二、企业做 TikTok 出海的优势（相对个人做 TikTok 而言）

1. 系统性优势

不论是做什么业务的企业，都有自己的团队和管理系统，能够很好地运用管理杠杆。大成功靠团队，小成功靠个人。用一句俗话说就是人多力量大。有些部门（比如设计部、人事部、财务部等）可以共用，为这个TikTok项目新招的人也能很快地纳入整个公司的管理系统，不会因为不知道该如何拆分执行这个项目的任务而停滞不前。

2. 资金优势

企业出海的预算往往比个人预算充足很多，对项目有了预算不仅可以在每一个板块招收有能力的员工加速项目进程，而且可以做中长期的品牌布局。我在第二章里面提到的TikTok的每一个力量，都需要整个团队去做精细化运营和提升，才能取得良好效果。企业在这一点上有实力同步进行，而不像小团队，只能先做好一件事，再慢慢发展其他。

3. 供应链优势

如果企业自己的产品很适合出海，那么供应链就在自己的手上，成本节约了，也能够随时供应。如果自己找的也是供应链，那么国内市场的基础也已经让你和团队对供应链很熟悉了，在价格和备货上已经有了很成熟的合作。就算你做出海是重新选品、重新找供应链，各个工厂也会因为你的企业规模和销量基础直接给你最优条件。

我有一个朋友，是一位大公司的采购经理，他每年的采购量很大。有一次他给我说了一个词，叫"客大欺店"，简单明了地讲出了采购量大的企业在供应端的优势地位。我孵化了很多企业做出海项目，他们总是能快速找到又好又便宜的产品和供应链，很快地推进到下一步。

4. 内容产能优势

做 TikTok 和出海项目对于内容能力的要求很高，如果是个人或者小团队，就对核心成员的内容力非常依赖。但是对于企业，可以将内容力的提升精细分工：SOP 化，对于个人的依赖性相对没有那么强。

企业不仅因为预算更多可以招收更多员工，而且可以将内容力部分流程化管理。比如：集中将对标账号和视频找好，集中分析几个维度并记录数据，集中做类别拍摄剪辑，剪辑质量应达到标准，发布视频测试数据，设置数据测试标准，等等。只要操盘手自己清楚为什么要设定这些标准，如何发挥好团队的作用，那你的企业在内容力板块就有了自己的独家竞争力，为成交订单打下坚实的基础。

三、企业做 TikTok 容易踩的坑

在孵化企业 TikTok 出海项目的过程中，我能明显地感受到虽然企业有很多天然优势，但也会因为这些先天条件误踩一些坑。最常见的坑是以下三种。

1.【第19坑】容易用中国企业的销售思路做海外市场

有一部分企业B端业务较多,核心的收入来源也是B端项目,所以在做海外市场的时候也会天然地用B端思维。这个想法其实很好,因为B端的量大,且更稳定,谈好几个B端客户就不用发愁C端的营销了。但是到具体落地的时候就会出现问题:人家国外的公司为什么会选择从咱们公司进货?他们本土有没有能供货的公司呢?他们为什么会信任我们呢?在国际物流运输途中出了问题算谁的呢?如果不是专业做B端国际贸易的公司,在上述的每一个问题上都会卡很久。另外就是如何找国外的B端客户,除非直接聘请国外的大客户销售人员,否则仅仅是线上邮件沟通,很难引起客户的兴趣和信任。

还有一部分企业习惯用广告投放的策略来开拓市场,这个本身没问题,并且是一个企业获流力很强的一个象征。但是在海外业务板块做投放之前,需要先培养好自身对于目标市场的网感,熟悉我们做营销的平台规则,以及清楚这里的用户到底喜欢什么,再进行投放。如果这几点没有了解清楚就大量投广告,就只能看运气了。这就是为什么我说**有时候过去成功的经验,往往会成为继续发展的阻碍**。外国人和我们的审美点有很大的差别,如果投放结果很差就是白白烧钱。还是需要静下心来先把基础做好,不能因为自己有钱就乱烧。令我们身陷困境的,不是那些我们不懂的事情,而是那些我们自以为理解的事情。

2.【第20坑】项目负责人一般是高管不是老板,心态会有差别

企业会将出海项目作为一个部门或者单独的项目来对待,很多企业都不是老板亲自来担任项目的操盘手,而是由某个经理或者高管来担任。这些角色和老板之间会有一些心态上的差异,在项目管理的过程中的自主性和学习性也可能会受到影响。同时,如果老板不懂出海业务,只是交给高管来做,即使项目做得不好,你都很难干预这部分业务。你不能衡量它,就不能管理它。当然也会有非常优秀的高管和项目负责人,如果你的公司有这样的得力干将,那真的非常幸运。

3.【第21坑】流程长、进度慢

一般大公司的流程会比小公司的更多、更长。这是管理需要,但同时也会导致在某一个小问题的决策执行上机动性更差,效率提不起来。有一次,我让一个孵化项目公司去准备直播话术,我的员工两个小时就能做好的事情,他们一个大公司两周都还没解决好。我催问情况时,他们给我的回复是:我们还在写,还在优化,还在走流程。对于具体执行工作的员工来说,他们的心中并没有想要将项目尽快推动出结果的紧迫感,只是觉得"我在等××事情的反馈""我需要的××东西还没弄好",所以一直拖着进度,导致人多反而耽误了效率。

想要避免这个问题,操盘手的角色至关重要。作为操盘手

的你必须清楚地掌握TikTok和项目的核心目标与阶段，以及哪些事需要一步一步慢慢来，哪些事需要雷厉风行地做而不能拖。同时拉着你的团队，按照你的节奏把这些路上的问题一个个解决，再为他们规划好新的路线。操盘手决定了项目的成败，所以你的角色至关重要。

> **Tips**
> 不管是大公司还是小团队，一定要相信截止时间是非常重要的助推力。我曾多次测试，设置截止时间和不设置之间的效率平均相差40%以上。因此，我在给自己的公司取名时就用了这个词的中文发音：戴德蓝。

企业出海需要考虑和布局的东西比个人或者小团队做TikTok更加复杂，所以在开启企业出海项目之前也需要做好充分的评估和准备。这一节就是为你提供更多的信息和视角，帮助你更好地做出决策。

第二节
如何建立独立站+TikTok的成交增长闭环？

请你带着这些问题来阅读本节：

1. 为什么企业出海要做独立站？
2. TikTok在独立站生态里面占据了怎样的生态位？
3. 你想做纯TikTok电商商家，还是想做一个全球化的品牌企业？

我在前面几章多次提到过独立站，但是没有花过多的篇幅对其进行介绍。因为很多读者是个体创业者，或者有其他的成交平台，只是想学习如何做好TikTok的流量和成交。而这一章的核心是企业如何利用TikTok为自己开拓海外市场。这不再是如何靠一个平台卖货的简单问题，而是要综合考虑系统性和可持续发展。所以在这一节里，我会告诉你什么是独立站、为什么选择独立站，以及TikTok和独立站之间的相互关系。

第七章　中国企业如何用TikTok拓展海外市场？

一、为什么选择独立站

独立站，引用百度的解释是基于SaaS技术平台建立的拥有独立域名、内容、数据、权益私有，具备独立经营主权和经营主体责任，由社会化云计算能力支撑，并可以自主、自由对接第三方软件工具、宣传推广媒体与渠道的新型网站。通俗地说，我们很熟悉的品牌，比如耐克，www.nike.com 就是它的独立站官网。如果你建立一个品牌，购买了域名，将产品和内容放在上面，让你的客户可以在上面挑选和购买，就是建立了一个独立站。

那为什么企业出海要选择独立站呢？主要有两个原因：看长远和不浪费。

1. 看长远：拒绝"一条腿"走路

很多人入局TikTok是为了抓住当下的流量"风口"，迅速打通闭环赚一波，等"风口期"过了就继续寻找下一个"风口"。有的人挣到了钱，有的人血本无归。此外，你做企业卖产品，如果只依赖于一个单一渠道，就会造成很多局限，受制于平台，限制了后续的发展。所以，我给想做企业出海的你一个建议：**不要做纯TikTok电商商家，而要做全球化的品牌企业。**

建立自己的品牌，建立品牌独立站，在上面发布产品、沉淀内容、积累买家秀，运营全网的社交媒体，让全世界的用户都能认识和接触你的品牌。TikTok的流量作为独立站的一个流量来源，目前势头很猛，获取流量的成本也相对更低。在把这一点做好的同时，也做独立站的其他营销和沉淀。不管今后的路上哪一个渠道风云突变，你的品牌独立站都具有很强的抗风险能力，可以继续发展下去。

2. 不浪费：流量可以反复使用

相信你现在已经学会了如何用 TikTok 的短视频和直播的方式获取流量引导成交，但是这些流量只用一遍太可惜。你可以在获取 TikTok 粉丝的同时，充分利用有强烈付费意愿的忠实用户成为你全网社交媒体的粉丝，同时订阅 EDM（邮件营销），跟你的品牌充分地产生互动关系。这样在粉丝心中你的品牌力也会更强，信任度和复购率就会更高。

这就是以 TikTok 流量为起点，让粉丝在全网与你的品牌产生联系，沉淀为你的私域资产，并且加强品牌力。如果只做一个简单的 TikTok 电商商家，就没办法将这一套进行承接。而建立品牌独立站就是在搭建这个体系，可以很好地将它们配合起来。

二、用品牌独立站"七环营销法"扩大成交生态闭环

做独立站其实是在做品牌生态。我将品牌独立站的常用做法按照对整个独立站生态影响的直接程度，将它总结为独立站"七环营销法"。

图 7-1 七环营销法

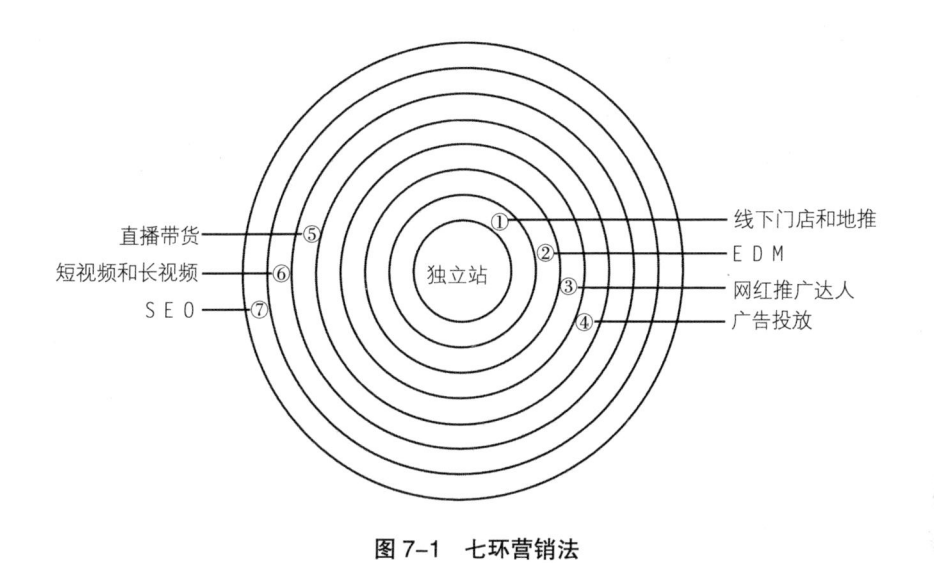

1. 线下门店和地推

线下是获取客户信任最直接的方式,很多品牌的线上销售是因为线下门店足够多、品牌力强而反哺了线上的品牌词搜索量。在美国,你去线下购买商品,收银员一般第一句话就是问你:"你好,你的邮箱地址是多少?"然后将你的邮箱列入他们的 EDM(邮件营销)清单里面,以便后续给你发邮件,提醒你可以在他们的独立站上面购物。

你可能会觉得做跨境肯定是以线上为主,但如果有实力布局线下,在你的目标市场能够起到的作用和对市场真实的反馈一定会给你的品牌和独立站增加不少力量。

2. EDM

EDM（Email Direct Marketing），电子邮件营销，就是不断地将产品促销邮件发送到客户的电子邮箱里面。这是一种很古老的营销方式，是最早的独立站私域。它将通过广告等方式进到独立站的流量承接下来。用户进入独立站的第一个界面就是 EDM 弹窗，让用户填写自己的电子邮件地址，订阅这个品牌，从而获得相应的折扣。

你可能会觉得：现在谁还看电子邮件呀，我的 QQ 邮箱半年都不登录一次。但是在国外，绝大多数人每天都看邮箱，使用邮箱处理工作、交作业和联系自己的朋友。电子邮箱在国外非常重要，已经成为大家生活中主要的交流方式。虽然它是一种很古老的营销方式，但是做得好的独立站都一定在 EDM 方面下了狠功夫，所以这个部分非常值得重视。

3. 网红／达人推广

很多独立站会找网红／达人来帮助自己推广产品，最常见的平台有 YouTube、照片墙、TikTok 等。跟网红谈好合作方式，然后由网红在自己的频道或者账号上发布这个产品的展示或测评，向自己的粉丝推荐这款产品，并在对应的地方附上独立站的购买链接。

很多独立站都在使用这个方法，有的团队甚至招了几十个员工每天找网红做推广。网红用自己的影响力帮助宣传你的独立站，既能直接增加销量，又能获得品牌背书，还能因为在全网被提及的次数变多而提升 SEO（搜索引擎优化）自然搜索的权重。

4. 广告投放

这里说的广告投放是专门为了给独立站带来访问和销售的付费投放，常见的平台有：脸书、谷歌、YouTube 信息流、TikTok 广告等。做独立站基本上离不开广告投放，好的投手、好的投放策略配合好的素材，可以将 ROI（投入产出比）拉高。

只要在核算过成本之后 ROI 是"正"的（比如说你算上所有成本只有当 ROI>1.7 时才能刚好回本，那么在 1.8 以上就可以称你的 ROI 是"正"的，ROI 为"正"意味着投放带来的订单收益为正），就能够一直为独立站带来销售。

早些年做广告投放的 ROI 效果不错，也让很多人赚了不少钱。现在这条路的难度在上升，国外用户对于广告素材和文案也慢慢地形成了自己的认知。这个时候拼的不再是运气，更多的是真正的实力。

5. 直播带货

直播的展示更加直观，互动性也更强。现在很多国外的用户开始慢慢接受直播带货这种形式，所以即使美国地区目前还没有开放闭环车，还是有很多商家将自己的独立站挂在 TikTok 的主页上，再用短视频或者直播的形式引起用户兴趣，让他们点进独立站购买产品。

6. 短视频和长视频

短视频的表现形式更多样，长视频可以讲解得更透彻。这两种视频形式的目的就是引起用户的兴趣，激发他们的需求，最后引导至独立站进行购买。

7. SEO

SEO（Search Engine Optimization），搜索引擎优化，是利用搜索引擎的规则提高网站在有关搜索引擎内的自然排名；目的是让其在行业内占据领先地位，获得品牌收益；很大程度上是网站经营者的一种商业行为，将自己或自己公司的排名前移。

我分析过几百个独立站，那些做得好的老品牌自然搜索流量都非常高，很少有某个品牌是自然搜索量很低而付费流量高的。当用户搜索某个关键词时，你的品牌能排在一定位次，就基本上能承接住搜索引擎关于这个词的对应流量。

比如你是卖运动鞋的商家，当有一个用户在谷歌上搜索"sport shoes"这个关键词的时候，如果你能排在第一页，那你被看见的概率就大大提升了。假设"sport shoes"这个关键词一个月在谷歌上的搜索量是 200 万，你的独立站在第一页，这 200 万里面就可能会有 30% 的流量，就是有 60 万人次访问你的独立站。

所以做好了 SEO 会有巨大的搜索引擎流量，而且都是免费的。但是做 SEO 不是一朝一夕的事，需要全网大量的沉淀和积累。作为一个全球化的品牌独立站，SEO 这条中长线的布局一定要做，它会帮助你的独立站一点点做出积累，并且能持续产生效果。

在"七环营销法"共同作用下，形成了独立站的生态。TikTok 在这个生态中，直接出现在短视频和直播带货这两环，间接出现在网红推广和广告投放这两环，同时 TikTok 的流量还会源源不断地输送给 EDM 列表，做一个好的 TikTok 账号也会对 SEO 有所帮助。这七环之间有很强的相互作用，要建立好这个生态，并让它们形成正向循环。

这本书的重点是 TikTok，关于独立站的部分我只做一个营销生态的基本阐述，重点是帮助你理解 TikTok 在整个独立站生态里面占据着怎样的生态位，以及如何利用当下 TikTok 的流量和发展趋势，以一个好的切入点去激活整个独立站的生态。如果你对独立站很感兴趣，想学习更多关于独立站的内容，欢迎与我交流。

Tips

品牌独立站是一个比 TikTok 更大的生态，我们在 TikTok 变现的同时，可以为自己的独立站注入新流量，沉淀忠实粉丝；同时 TikTok 也能被这个生态"反哺"，以此不断循环，提升品牌。

三、如何建立独立站中长期壁垒、提升抗风险能力？

如果你已经选择了这条长远的路，费了很大力气来做独立站生态，那就一定要做好品牌。品牌就是你为独立站建立中长期壁垒和资产，并且提升抗风险能力的核心。

当某一个宣传渠道的成本增加，或者不能再继续使用的时候，仅凭品牌力和SEO还能维持整个公司或者项目的基本运转，这就是品牌独立站能够带给你的底气。

但是仅仅给产品贴上商标，不等于品牌。我在第二章第五节的品牌力部分讲了"建立TikTok海外品牌六要素"，其实做独立站的品牌很多底层逻辑与它是相通的：有好的名字、LOGO、独立站装修、品牌故事、创始人IP、持续运营各大社交媒体、持续产出有品牌调性的好内容、做好私域沉淀运营和买家秀积累、反复提升产品质量和服务质量、做好SEO，等等。

做品牌是一件长期积累的事情，需要为它做好布局和预算，所以从最开始的选品和成本测算都将它作为一个重要的因素考虑进去。一定要耐得住寂寞，在最开始效果不明显的时候也能一直坚持做品牌，不把资源浪费在那些看似捷径实则大坑的事情上。踏踏实实地做好品牌，当别人还在一条又一条地探索捷径的时候，你已经能够拿得出自己的品牌资产了。

所以在企业做出海项目的时候，可以选择独立站来承接

TikTok的流量，再建立自己的独立站生态。将TikTok和其他渠道获取的流量在这个生态里共同运转起来，形成正向循环，并且做好自己的品牌，成为一个全球化的品牌企业。

第三节
中国企业用 TikTok 拓展海外市场的两个阶段：
MVP 测试 + 矩阵扩量

请你带着这些问题来阅读本节：

1. 企业为什么要先测试 MVP？
2. 怎样才算是合格地通过了 MVP 的测试？
3. 该如何做 TikTok 直播矩阵？

如果你作为企业主，希望利用 TikTok 做出海的项目，对于项目的整个进程和规划要做到心里有数：这个项目一共分为几个阶段，每一个阶段的主要任务是什么，预算和团队怎么配置等，不能因为对海外市场不熟悉就走一步看一步。

在这一节里，我主要是帮你将项目分成两个大的阶段：MVP 测试和扩量。你可以根据我的底层逻辑结合你公司的情况继续做细分，但是这两个阶段不可被省略。

一、阶段一：MVP 测试阶段

1. 什么是 MVP？

MVP（Minimum Viable Product），最小化可行闭环，理念最早由 Eric Ries 在《精益创业》中提出：MVP 指的是企业用最小的成本开发出可用且能表达出核心理念的产品版本，使其功能极简但能够帮助企业快速验证对产品的构思，以便于企业在获取客户反馈后持续迭代优化产品、不断适应市场环境。MVP 理念受到了很多硅谷创业者的认可，对很多硅谷企业进行产品创新都提供了有益指导。

对于跨境项目和 TikTok 来说，我们需要在国外全新的市场上销售，在投入大量的钱和资源去推动项目之前，需要先完成产品在目标市场的 MVP 测试。根据测试的结果对产品和相应的营销策略进行调整迭代，达到预期值后再进入主体扩量阶段。

2. 为什么要测试 MVP？

第一，在中国受欢迎的产品到了海外不一定受欢迎。在海外，不同国家的需求程度、用户教育程度都会有差异。如果不做 MVP 测试会很难销售。不用说国外，中国的不同省市都会出现这样的问题。1999 年，我父亲将新疆的神内胡萝卜汁带到成都来卖，那都是用新疆最好的甜胡萝卜鲜榨出来的，还加了浓浓的果肉，口感醇厚，营养满满。在 1999 年的新疆，这就是高级饮料，家长们愿意花很高的价格买来给自己的孩子喝。我父亲认为，这样好的东西卖到成都也应该非常不错，于是花了上百万元的推广费用（那年代这个钱是真的很多）将产品上架到红旗连锁等各大超市，还做了很多促销活动。但是做了两年，发现销量一直上不去。后来调研了很多客户意见，发现他们都认为胡萝卜是菜不是水果，虽然有营养但是拿来榨汁味道肯定不行。喝到嘴里虽然味道不错，但是果肉太多，黏黏糊糊的不清爽，还不如鲜橙多的口感。面对这个结果，除了吐槽一句"不识货"以外，也只能不情愿地惨淡收场。在它身上付出的时间和金钱越多，越舍不得放弃。如果他当年先花2万元做个MVP测试，可行的话再投入那100多万元，就会是两个结果。在国内尚且如此，对于不熟悉的国外市场，更是需要去测试。

第二，同一种产品在不同销售渠道的销量会有很大差别。我在第一章讲过搜索电商和兴趣电商的差别，很多产品在这两种不同性质的电商平台上销量会天差地别。同样是在美国，在亚马逊上面卖得好，在TikTok上不一定。所以当你想要借助TikTok这个平台和它的流量来发展海外业务的时候，需要单独测试你选的产品在这个渠道的表现如何。

第三，同一个品类的产品，具体的SKU（最小存货单位）或者款式不同，也会在流量和转化上有着很大差别。比如同样是高跟鞋，有的款流量低也没人询价，有的款就会流量爆炸。我们要一个个去测试它们的流量、询价、转化率等，不能一上来就把所有的款式一起展示。如果在流量最好的时候你展示了不受欢迎的款式，就是在浪费流量，非常可惜。所以即使品类已经测好，但凡你做的产品是这样有很多 SKU 或者款式的，一定要做 MVP 测试。

如果测试的方法正确，调整也很及时，三个月的时间完成一个完整的 MVP 测试是问题不大的。你可以根据你的产品特点、SKU 数量多少来安排合理的测试周期。那么该如何构建好 MVP 来帮助我们对产品和营销方式进行测试呢？

3. 如何构建 TikTok 项目 MVP？

第一点：明确测试目标和标准。

我们做 MVP 测试之前，需要先将目标和标准定下来，不然容易做着做着就不知道是测试阶段还是主业务阶段了。而且没有明确的目标和标准，也容易造成测试进程拖延，最终影响主业务的推进和整个项目的成长期。

TikTok 出海项目的 MVP 目标的设立要素有时间周期、销售额、利润率。也就是说，你需要在多长时间之内去测试这个产品能不能达到你心里预期的销售额，同时结合成本测算利润率是否跟立项时一致，中间的偏差出在哪里，是否能因为规模化而降低，以及是否能够优化。

如果一轮测试做完，数据不够理想，就会纠结要不要再测一轮。所以还需要一个流量标准来辅助我们判断这轮 MVP 是否达标：比如，能否稳定达到直播间同时在线人数为 50 人以上，并且有效地互动和成交。

结合钱的目标和流量的标准，帮助你去判断是否已经完成测试，以及是否可以开启主业务阶段。

第二点：只花必要的成本，快准狠。

MVP是最简化的路径测试，所以有些环节的不必要花费的时间、精力和钱，都要砍掉：LOGO和VI设计可以等MVP完成之后再做；独立站可以先建一个简易模板的，等测试完再花更多的钱去好好装修独立站；产品供应链可以先多拿几个样品回来，因为还没测出来哪个流量数据更好，等测出来了再去优化供应链；等等。在每一个环节的准备上也要注重效率，比如说直播脚本就只给自己两个小时去准备，不要拖很久。

MVP不能拖沓，一拖沓就没有测试的意义了，很多机会也会因为你的耽误而溜走。所以我还需要再强调一下操盘手的重要性，操盘手一定要快准狠地推进整个MVP进程，争取早一点做完整的测试。时间是很稀缺而宝贵的资源，只有当我们学会开始对一些没那么重要的事情说"不"时，我们才能对那些有意义、有价值的事情说"是"。

第三点：短视频和直播同步测试。

短视频主要测试产品、内容形式和粉丝标签：发布产品视频之后有多少人询价或透露出明显的购买意向、哪一种内容形式的数据明显更好、粉丝标签是否已经形成、是否已经度过了账号的"黑洞期"等。通过短视频来获得这些数据反馈，帮助我们调整产品和内容策略。

直播间重点测试产品流量和成交闭环：在直播间不同产品的流量差异很大，不同款式的产品也是一样。分别测试并统计好每一个产品对应时段的数据，筛选出最好的产品或者款式作为流量款和爆款。在客户成交下单的过程中也有可能会遇到问题，提前用测试期把问题找出来并解决掉，不然等到大批流量来了才发现下单环节卡住了就损失大了。

第四点：售后环节的 MVP 测试。

对于海外业务不熟悉的公司来说，在测试 MVP 的时候一定要熟悉好售后的各种问题：在客户下订单之后的多长时间供应链才能发货？发货会不会出错？每一个订单的实际物流成本是多少？实际的运输时效是几天？退货率高不高？客户退货退到哪里？成本如何？产品的好评率如何？没有主动给好评的客户如何找他们要好评？

这些问题是最常见的售后问题，对于没有走过测试闭环的人来说，真正遇到这些问题的时候就会被卡住。所以做 MVP 测试的时候就是在用最开始的少量订单帮助你的团队练手，把这些问题都打通，并且拥有了解决这类问题的方法和能力，再去面对主体业务的大量订单时才能承接得住。

按照这几个点来建立 MVP，如果没有通过 MVP 测试，那就及时更换产品和策略重新测试。**沉没成本不是成本**，当 MVP 已经证明了这套做法不行时，及时抽身，进行下一轮 MVP 测试。当达成测试目标时，就可以进入矩阵扩量模式了。

二、阶段二：直播矩阵扩量阶段

在 MVP 测试完成之后，对产品和售后闭环都走完了一遍，对产品有底，同时对流程也心中有数。这时候进入到主业务阶段，集中精力和资源将测试好的 MVP 打深打透，并且将已经成功的模式复制。我给你一套组合拳打法：纵向打法 + 横向打法。

1. 纵向打法

纵向就是做得更深。将 MVP 测试成功的闭环中的每一个环节加大力度，匹配好的团队和资源将这个闭环做大做强。比如说增强主播培训、选好主播、购买专业的直播设备、拉长直播时长、加强供应链甚至定制产品等。

我更推荐你在刚做完 MVP 测试之后选择纵向打法，因为将一件事做精做专了之后都会取得不错的收益，并且在每一个环节都反复打磨和复盘之后才有更好的基础来做横向的复制。

2. 横向打法

横向打法就是复制模式和直播间。在对纵向打法掌握的基础上，可以将现在的成功闭环进行复制。复制的方法有两种：第一种是就将现在的产品直播间一模一样地复制，多一个直播间去获取这个账号额外的流量，单纯增加新账号的流量；第二种是复制直播间，但是产品是同一个大品类下的其他小品类。

比如，主直播间是卖18K金首饰的，那新复制的第二个直播间就可以卖各种彩色宝石首饰，第三个直播间就卖珍珠首饰等。这需要你根据产品特点去选择，可以尽量符合第二种，这样可以获取大标签相似的客户，几个直播间还能相互引流重叠兴趣的粉丝。

结合这两个做法，可以将业务范围、销售额和利润空间持续优化，实现用海外业务板块为你的公司获取新的发展目标。

在你的企业开展出海项目的过程中，MVP和矩阵扩量这两个要素缺一不可。没有MVP，就无法保证资源投入的方向是否正确；没有矩阵扩量，销售额和利润就会像个人TikTok创业那样比较受限。所以将它们结合起来去做你的企业出海业务，既能够保障方向的正确，还能把项目做大做强。

> **Tips**
> 哪怕是卖与国内相同的产品，在做海外市场时也要重新完成一遍MVP+矩阵扩量的模式。测试出来的结果可能会跟你想象的结果完全不同。

特别鸣谢：

感谢潘孝莉、朱大平、薛纪雨、王迎、肖逸群、剽悍一只猫、李海峰、嘉伟、Sky、钦文、孟慧歌、杨雪飞、刘磊、高海波、佐依、少帅、王璐、王昊美等多位朋友、公司及媒体对《TikTok爆款攻略》的支持与帮助！

© 民主与建设出版社，2023

图书在版编目（CIP）数据

TikTok 爆款攻略 / 笛子著 . -- 北京：民主与建设出版社，2023.3
　ISBN 978-7-5139-4142-6

Ⅰ．① T… Ⅱ．①笛… Ⅲ．①网络营销 Ⅳ．
① F713.365.2

中国国家版本馆 CIP 数据核字（2023）第 057073 号

TikTok 爆款攻略
TikTok BAOKUAN GONGLÜE

著　　者	笛　子
责任编辑	郭丽芳　周　艺
封面设计	水玉银文化
出版发行	民主与建设出版社有限责任公司
电　　话	（010）59417747　59419778
社　　址	北京市海淀区西三环中路 10 号望海楼 E 座 7 层
邮　　编	100142
印　　刷	三河市宏图印务有限公司
版　　次	2023 年 3 月第 1 版
印　　次	2023 年 3 月第 1 次印刷
开　　本	880 毫米 ×1230 毫米　1/32
印　　张	8.5
字　　数	164 千字
书　　号	ISBN 978-7-5139-4142-6
定　　价	58.00 元

注：如有印、装质量问题，请与出版社联系。